AF483949

CÓMO VENDER MÁS

500 ideas de comunicación
para aumentar sus ingresos

DANIEL COLOMBO

CÓMO VENDER MÁS

500 ideas de comunicación para aumentar sus ingresos

Editorial Autores de Argentina

Colombo, Daniel
   Cómo vender más / Daniel Colombo. - 1a ed. - Ciudad Autónoma de
Buenos Aires : Autores de Argentina, 2018.
   236 p. ; 20 x 14 cm.

   ISBN 978-987-761-482-4

   1. Autoayuda. I. Título.
   CDD 158.1

EDITORIAL AUTORES DE ARGENTINA
www.autoresdeargentina.com
Mail: info@autoresdeargentina.com

Diseño de portada: Justo Echeverría

Este libro se editó originalmente en 2012.
La presente es una versión en formato digital.

INDICE

EL VALOR DE COMUNICAR BIEN

Estamos creciendo muy rápido. Parece que todo se nos fue de las manos. Del garage donde empezamos hace cuatro años, ahora pasamos a una planta de casi 600 metros y tenemos más de 1500 productos distintos cada temporada. ¿Qué nos recomendás para acompañar este proceso?

Así me comentó el emprendedor, del sector de artículos de decoración, con el empuje y entusiasmo de quien debe encargarse de todos los aspectos del negocio.

Cuando emprendemos, el vértigo nos lleva en muchos casos a dedicarnos a nuestro producto y dejar de lado otros aspectos esenciales. Uno de ellos es la comunicación. Pero hacer comunicación en forma profesional es clave. ¿Por qué? Porque si desde el comienzo prestamos atención a los mensajes que emitimos -en el vínculo espontáneo con nuestros clientes, en nuestros folletos, en nuestra relación con los periodistas, en nuestra página web-, las mayores ventas estarán casi aseguradas.

Se trata de crear imagen y, más que eso, de darle valor a nuestra oferta a través de atributos que van más allá del producto mismo. Y la comunicación es el puente con todos los públicos. Es el cimiento de lo que se transformará en experiencias concretas cuando nos elijan.

Los múltiples instrumentos que ofrece la comunicación pueden verse como una gran caja de herramientas, donde aplicamos una distinta para cada solución. Así, el marketing, la publicidad, la promoción, las relaciones públicas, los vínculos con la prensa, se transforman en canales de relacionamiento con nuestros consumidores para alcanzar las metas comerciales y crear posicionamiento y diferenciación.

En éste, el tomo 1, el lector encontrará casos reales y 500 ideas de comunicación para Pymes. Cada caso es diferente, y a la vez, todos tienen puntos en común. Estoy seguro de que servirán de apoyo para profesionalizar las comunicaciones de su negocio. Tal el objetivo de Comunicación y Ventas: libros prácticos y cientos de recursos, basados en la experiencia, al alcance de los que emprendemos con pasión.

Daniel Colombo

25 casos reales

500 ideas de comunicación para aumentar sus ingresos

Cómo mejorar una empresa en marcha

Un caso de diseño de indumentaria

DESAFÍO

La consultante es una diseñadora con un pequeño emprendimiento de indumentaria empresarial que ya está funcionando. La calidad del servicio y del producto es excelente, sólo falta encontrar la manera de sacar rédito. La clave está en la comercialización.

RESPUESTA

1) Es probable que la diseñadora trabaje sola, diseñando y tercerizando la producción. Esto, frecuentemente, debe sumirla en un desgaste de energía personal al tener que coordinar todas las tareas al mismo tiempo. ¿Cómo se lleva con su agenda y otros sistemas de organización empresarial? Este puede ser un buen punto de partida para revisar los procesos de su negocio. Resolviendo el tema de su organización personal (aplicada al desarrollo de su negocio) podrá tener más tiempo disponible para planificar.

2) Diseñe un plan de negocios: es una herramienta clave para que pueda desarrollarse con éxito, expandirse y dedicarse a lo que usted sabe y lo que más le gusta: diseñar. Los asesores de empresas (hay muchos que trabajan para el segmento Pyme) podrán brindarle el apoyo necesario.

3) Mejorando la rentabilidad: hay varias fórmulas que puede aplicar (o adaptar a su negocio) para aumentar el rendimiento. El solo hecho de aumentar su producción y ventas, no necesariamente le llevará a mejorar la rentabilidad. Es recomendable que revise la política de precios; formas de pago que acepta (incluyendo los proyectados inflacionarios previstos para este año), los costos fijos y variables, y los imponderables que suceden en la operatoria diaria. Luego, puede iniciar un proceso de negociación de mejores costos con los servicios tercerizados. La intención es que, si diseña su plan de negocios, pueda tener una 'brújula' que la oriente en este sentido, para saber dónde está parada actualmente, y cuál es la meta a la que desea llegar.

4) Captando nuevos clientes: ¿tiene website? ¿Cómo se promociona? Cuando menciona 'el producto es excelente', ¿con quiénes se compara? ¿Cómo se mueve su competencia directa e indirecta? ¿Quiénes son la competencia? Piense que, en su mercado, competencia es todo aquel que ofrezca soluciones de indumentaria empresarial, y no necesariamente se dedican exclusivamente a ello (por ejemplo, las grandes marcas, que están abriendo sus departamentos de asesoramiento corporativo).

5) Marcando tendencia: como diseñadora, usted sabe que puede marcar tendencia. ¿Qué tal diferenciarse organizando un evento anual donde muestre lo nuevo que viene? Se trata de un desfile y muestra comercial, al que puede invitar a sus clientes actuales y potenciales, prensa especializada en indumentaria e industria textil, y demás contactos que -potencialmente y en conjunto- puedan contribuir al crecimiento de su empresa.

Recuerde que el éxito es sólo de aquellos que se animan a experimentarlo.

PLAN DE ACCIÓN

Ideas y próximos pasos:

1. Revise los procesos de su negocio

2. Tome cuidado con el desgaste de energía personal

3. No descarte delegar parte de sus tareas

4. Optimice su agenda y otros sistemas de organización empresarial

5. Procure tener un tiempo disponible para planificar

6. Recuerde que un plan de negocios es una herramienta clave para poder desarrollarse con éxito

7. No descarte la participación de asesores de empresas

8. Aplique estrategias para mejorar su rentabilidad

9. Sepa que aumentar su producción y ventas no necesariamente mejorará su rentabilidad

10. Analice su política de precios

11. Revise los costos fijos y variables, y los imponderables diarios

12. Disponga de un website para mostrar sus productos

13. Observe cómo se mueve su competencia directa e indirecta

14. Busque alternativas para promocionarse

15. Procure diferenciarse y marcar tendencia

16. Organice un evento anual donde muestre lo nuevo que viene

17. Dé participación a sus clientes actuales

18. No olvide invitar a sus potenciales clientes

19. Incluya a la prensa especializada en indumentaria e industria textil

20. Sepa que si encuentra colaboradores apropiados no necesita hacer solo todo el trabajo.

Uno de los secretos del éxito empresario consiste no en hacer uno mismo el trabajo, sino en reconocer al hombre apropiado para hacerlo

Andrew Camegi

Industrial y empresario de Estados Unidos, fundador de U.S. Steel.

Cómo transformar un negocio familiar

El caso de una firma con 40 años de historia

DESAFÍO

Cómo expandir y transformar un negocio familiar, tradicional y personalizado, en una empresa. Cual sería un plan coherente de expansión del negocio; y cómo manejar y lidiar con las inquietudes, dudas y miedos internos, para "vender el proyecto" a los propietarios, ya que ellos hace 40 años que están trabajando de esta forma. ¿Cómo captar qué es lo que les interesa o cuáles son sus expectativas?

RESPUESTA

Ante todo, es importante saber que un negocio familiar es una empresa en sí misma. Lo primero es ver cuál es el camino apropiado para seguir creciendo, y cómo incentivar a los miembros de esa empresa para que acepten lo nuevo como una oportunidad para crecer.

Desde su origen, la conformación de las empresas familiares presentan las mismas particularidades que la fundación de una familia: hay un juego de roles que impera y atraviesa toda la organización. Por lo cual uno de los principales desafíos está en encontrar la forma armónica de convivencia, también, en el ámbito del trabajo.

Luego, con el correr de los años y la incorporación de personas ajenas al núcleo familiar original, aparece el siguiente problema: en muchas culturas son vistos como "los otros" -por tomar un ejemplo de la conocida serie "Lost"-, "los de afuera". Esto determina, en muchos casos, que se arme un 'clan', tanto del lado familiar como de los empleados ajenos a ese círculo.

Con 40 años y ciertos resultados, haber logrado sobrevivir a las cíclicas crisis que atraviesan nuestros países es un buen logro; en muchos casos, la cabeza de la organización (quizás ya transformada en un directorio, siempre con preeminencia de representantes de la familia) se plantea la disyuntiva acerca de por qué cambiar, "si así como estamos, bien o mal, seguimos andando".

Aquí van algunas sugerencias que, quizás, puedan ayudarlos a encarar mejor el proceso:

1) Sincérese: es conveniente crear un espacio de reflexión y análisis objetivo del negocio, con los balances, las curvas y las proyecciones financieras; y hablar de aquellas cosas que pocas veces se hablan.

2) Revise los roles: si no lo tienen, dibujen un organigrama. Es una excelente herramienta que les mostrará gráficamente cómo interactúa cada uno en esta 'constelación familiar' (es recomendable que busque algún libro sobre la disciplina llamada 'constelaciones familiares en la empresa' ya que pueden ser de mucha ayuda). ¿Se superponen tareas? ¿Hace falta un recambio? ¿Quién es, actualmente, el más apto para asumir determinado rol estratégico?

3) Analice los resultados: ¿todos los miembros del grupo familiar están satisfechos con la marcha del negocio? ¿Están entusiasmados con seguir llevándolo adelante? ¿O se les ha convertido en una carga? Aquí aparecerá también información importante para hacer ajustes.

4) Determine el rol de las nuevas generaciones de la familia: no siempre todos son aptos para las tareas que les son asignadas como un mandato familiar. Esto, si bien es duro, es muy necesario para el proceso de encaminarse hacia una proyección de mayor expansión.

5) El factor voluntad: todos los miembros de la empresa deben coincidir en la voluntad de cambiar y expandirse. De lo contrario habrá fugas de energía y trabas en el proceso. Pueden contratar los servicios de un coach especializado en empresas para ayudarlos en un período de, por ejemplo, seis meses, a encaminarse con éxito.

6) Realice una actividad de planificación de la empresa periódicamente: una vez determinada la 'voluntad de cambio', necesitan alejarse de la fábrica u oficina por lo menos una vez al mes durante un año, en una jornada que les permita mirar las cosas en perspectiva, tomar mejores decisiones, refrescarse y tener nuevas miradas sobre el negocio.

7) Si usted es el líder que impulsa el cambio: mantenga charlas individuales con los principales miembros de la empresa. Realice estos encuentros en un espacio neutral (fuera del ámbito habitual). Dedique tiempo a la escucha empática, ésa que verdaderamente muestra el interés por lo que el otro dice. Vuelque los resultados en un informe individual de cada encuentro. Pregunte directamente a cada persona cómo ve / siente el presente de la empresa, y cómo se imagina / presiente el futuro deseado. ¿Cómo es ese futuro? ¿Cuál sería el rol que le gustaría asumir a esa persona? Una vez concluidas las rondas de entrevistas, tendrá un panorama más aproximado a los intereses personales de los integrantes de la empresa familiar.

8) Analice el contexto: las coyunturas suelen producir fuertes impactos en las empresas de todo tipo, incluso las familiares. Es muy común que los problemas del trabajo se lleven a la casa (lo que deviene en peleas, discusiones y hasta separaciones). Prevea escenarios alternativos para distintos problemas que puedan amenazar su negocio.

9) Muestre lo concreto: por lo general, las personas quieren información tangible. Muestre casos de otras empresas competidoras (del mismo rubro o parecidas); cómo están cambiando; cómo han evolucionado; hacia dónde se han proyectado; cómo lo están haciendo; cómo comunican dichas empresas; con qué recursos cuentan para expandirse.

10) Revea procesos internos: revise los procesos de información internos. ¿Hay rumores? ¿Cómo comunica la empresa hacia adentro y afuera? ¿Cuál fue el caso más exitoso que tuvieron en términos de negocios? ¿Cómo lo hicieron? ¿Cómo interactuó cada uno? Esto puede revelarle valiosa información.

11) Establezca una carta-compromiso: una vez que la dirigencia de la empresa familiar esté de acuerdo, suscriban por escrito un breve acuerdo. Allí se fijarán los principales puntos de lo que han venido decidiendo. Sintetice en no más de 5 o 6 puntos los temas principales. Haga que cada miembro lo firme (cuando firmamos, asumimos un compromiso mayor que si lo dejamos sólo en palabras).

Como observará, es un proceso que requiere planificación, persistencia y, sobre todo, voluntad de cambio.

PLAN DE ACCIÓN

Ideas y próximos pasos:

21. Aceptar que un negocio familiar es una empresa en sí

22. Crear un espacio de reflexión y análisis objetivo del negocio

23. Revisar los balances, curvas económicas y proyecciones financieras

24. Abrir un espacio para hablar de aquellas cosas que pocas veces se hablan

25. Determinar los roles

26. Dibujar un organigrama y ponerlo en práctica

27. Evitar superponer tareas

28. Elegir al más apto para asumir determinado rol estratégico

29. Analizar los resultados

30. Determinar el rol de las nuevas generaciones de la familia

31. Evaluar si todos los miembros coinciden en la voluntad de cambiar y expandirse

32. Contratar los servicios de un coach especializado en empresas

33. Programar una actividad de planificación de la empresa periódicamente

34. Tomar distancia de la fábrica ú oficina por lo menos una vez al mes para mirar las cosas en perspectiva

35. Motivar para que el líder mantenga charlas individuales con los principales miembros de la empresa

36. Realizar estos encuentros en un espacio neutral, fuera del ámbito habitual

37. Dedicar tiempo a la escucha empática

38. Mostrar lo concreto: información tangible

39. Revisar los procesos de información internos

40. Establecer una carta-compromiso entre todos los miembros involucrados en el cambio.

Cómo comunicar bien desde el comienzo

El caso del lanzamiento de una bombonería y chocolatería

DESAFÍO

Falta poco para abrir un negocio en un local de una galería céntrica de Buenos Aires, Argentina. Los alimentos a vender son chocolates y bombones (rubro principal) a los cuales se suman dulces, cafés y otros productos Gourmet. El objetivo: hacerse conocer, por lo cual lo central es definir cuáles son las mejores acciones para comunicar el emprendimiento.

RESPUESTA

1) Analice cuidadosamente los pro y los contra de la ubicación del local: ¿Es a la calle? ¿Es dentro de una galería? ¿Cuáles son las demás marcas que están en dicha galería? ¿Y qué comercios hay al lado y enfrente del local? Estos datos son importantes, ya que podrán darle la posibilidad de generar un diferencial en la comunicación. Independientemente del tipo de producto que comercializa, si sus colegas comerciantes tienen vidrieras poco atractivas, un aspecto fundamental de la comunicación es distinguirse en este punto: excelente diseño de vidrieras, muy buena iluminación (hay excelentes artefactos de diseño moderno que acentúan iluminación puntual del producto, packaging, etc.). Resultado: llamar la atención del público circulante.

2) Desarrolle logotipo e identidad visual conceptual del proyecto. En el segmento en el que usted compite, es fundamental contar con un excelente desarrollo profesional de marca. Lo visual, fotos profesionales, logotipos aplicados en vidrieras como si fuese un "esmerilado" del vidrio, suman categoría y prestigio a sus productos. Resultado: alto impacto visual y aumentar el valor percibido de su producto. Así, incluso, con el tiempo, podrá posicionarlo en una escala superior de valor / precio.

3) Imprima folletería de calidad. Un buen producto (o, al menos, de alto valor percibido como puede ser un chocolate de buena calidad dentro de un packaging muy atractivo) no se comunica, necesariamente, con un "volanteo" dentro de los diarios. ¿Qué tal detectar, a través de la web o de la guía telefónica, las empresas que están en un radio de 10 cuadras de su comercio y llegar a ellas con una comunicación dirigida a las secretarias ejecutivas y alta gerencia? Para esto requerirá disponer de una excelente presentación visual, que puede ser un muy buen folleto (formato estándar, diseño profesional, alta calidad de impresión, que hoy puede lograrse a través de imprentas rápidas, que permiten producir pequeñas tiradas a costos razonables) y un "sampling" (muestras) de producto para que degusten en las empresas. A la vez, puede enviarles una tarjeta o chequera de descuentos, de, por ejemplo, $ 25.- en cada compra que supere un "x" monto (verifique la ecuación que resulte apropiada de acuerdo a su plan de negocios). Resultado: establecimiento de una red de compradores potenciales, contactos uno a uno con decisores de compra.

4) Relaciónese con medios de prensa especializados:
contacte a periodistas y medios especializados en gastronomía
y el mundo gourmet. Observando el mapa de medios, podrá
enviarles muestras de productos y, a la vez, complementar con
informaciones que distingan su producto del resto. Esto significa un proceso donde usted podrá armar un análisis F.O.D.A.
(Fortalezas - Oportunidades - Debilidades - Amenazas) para
descubrir cuál es su fuerte -y en qué necesita mejorar respecto a sus competidores directos-, para tomar mejores decisiones.
Resultado: así podrá articular un discurso de comunicación que
marque esos diferenciales ante los medios y el público en general.

5) Desarrolle distintas tácticas para llamar la atención.
Puede implementar degustaciones en eventos, desfiles de moda,
etc. O también diseñar un pequeño stand móvil que, acom-
pañado por personal específicamente entrenado, pueda hacer
degustaciones en el hall de acceso a teatros, eventos y desfiles
de moda. Utilice redes de contactos (la suya, la de sus amigos,
conocidos, allegados, etc.) para contactar a estos organizadores;
y podrá ofrecerles un diferencial para su espectáculo o evento:
por caso, una degustación de bombones (usualmente, ofrecen
bebidas, en el mejor de los casos). Además, puede negociar que
aparezca su nombre de marca en los agradecimientos del programa de dicha actividad, o un aviso publicitario (nuevamente:
muy bien diseñado, con excelente fotografía y datos institucionales completos de su emprendimiento). Resultado: ampliación

y 'amplificación' de su red de contactos mediante un canal de comunicación que permite que el potencial comprador "viva" la experiencia de probar su producto. Recuerde: usted no sólo vende un producto, también vende una "experiencia" de sabor, textura, calidad, aromas, impacto visual, etc. Por lo que el cuidado de todos estos detalles, es de suma importancia.

6) Complemente su promoción con actividades que llamen la atención. Por ejemplo, un concurso de diseñadores de esculturas comestibles. Genere un concurso de nuevos diseñadores donde usted aporta el know-how y la materia prima, y los diseñadores aportan su talento, para crear esculturas comestibles. Podrá venderlas o entregarlas para un subasta a beneficio para una institución de bien público; y a la vez, generar una acción de comunicación mediante Responsabilidad Social Empresaria (R.S.E.). Resultado: ayudar, y sumar valor a la marca a través de una acción original y divertida.

7) Vincúlese con famosos y líderes de opinión: Envíele regalos para sus fechas de cumpleaños. ¿Arma su base de datos de periodistas? Solicite este dato, para estar presente con un obsequio de su marca en esas fechas. Resultado: generar lazos perdurables y amigables con su marca, que se proyectarán en el tiempo.

8) Entrene a su personal en atención al cliente. ¿Qué tal utilizar una frase como "le deseo que tenga un dulce día", al despedir a un cliente? ¿Y si dispone siempre de una bandeja con muestras de producto para convidar a los nuevos compradores, o aquellos que se acercan sólo por curiosidad? Una música suave, que invite a vivir la experiencia del sabor, complementará el clima a lograr en su local. Resultado: diferenciación.

Recuerde: si tiene dudas acerca de su capacidad para comunicar; o le asaltan creencias como "no tengo el dinero para hacerlo", tiene razón. Además de considerar que necesita rodearse de los mejores profesionales para que le asesoren en su emprendimiento, le sugiero que considere esto: La única manera de aprender a nadar, es echándose al agua. Usted está lanzándose a competir en un mercado altamente segmentado y muy exigente. Sólo con un trabajo profesional, consistente y con continuidad, podrá visualizar el resultado que espera… mucho antes de lo que se imagina.

PLAN DE ACCIÓN

Ideas y próximos pasos:

41. Evalúe a sus competidores más cercanos

42. Sepa que la vidriera de su local es un aspecto fundamental de la comunicación

43. Distinga su vidriera de la de sus competidores

44. Aplique estrategias para llamar la atención del público circulante

45. Desarrolle una identidad visual conceptual de su proyecto

46. Esfuércese por distinguirse desde lo visual

47. Recurra a profesionales para un buen desarrollo de su marca

48. Entregue folletería de calidad

49. Provea de un packaging muy atractivo a sus productos

50. Realice "sampling" (muestras de producto para degustación)

51. Detecte las empresas cercanas a su comercio para una comunicación dirigida a secretarias y alta gerencia

52. Utilice tarjetas o chequeras de descuentos para un segmento de potenciales clientes

53. Contactar a periodistas y medios especializados en gastronomía

54. Envíe muestras de productos a periodistas clave

55. Remita información interesante de su comercio a los periodistas clave

56. Diseñe un stand móvil para degustaciones en distintos lugares

57. Ofrezca su degustación como un diferencial para espectáculos o eventos

58. Elabore un aviso publicitario con datos completos de su emprendimiento

59. Entrene a su personal para una buena atención al cliente

60. Coloque música suave que invite a vivir la experiencia del sabor en su local.

Un viaje de mil millas comienza con un simple paso.

Proverbio taoísta.

LA PAUSA

CÓMO CONTROLAR LA ANSIEDAD

Un muchacho recorrió Japón en busca de un gran maestro de artes marciales. Cuando consiguió ser recibido por él, le preguntó:

Maestro, quiero ser el mejor del país. ¿Cuánto tiempo me va a costar?

Diez años.

Tengo prisa, maestro –replicó el joven–Entonces... ¿si me aplico día y noche?

En ese caso, te llevará veinte años.

Cómo captar clientes y ser rápidamente rentable

Un caso de promoción de un spa urbano

DESAFÍO

Tras la crisis del 2001, la emprendedora pasa por una etapa de refundación de su negocio, un spa urbano. Ha perdido toda su cartera de clientes, los costos suben, y necesita rápidamente aprender a comunicar los servicios de un spa urbano. ¿Cuáles son los medios más convenientes?

RESPUESTA

Muchos emprendedores hemos tenido, durante años, la habilidad de hacer prosperar, comunicar, apoyar el crecimiento y ser muy buenos vendedores de los productos de otras personas. Pero al mismo tiempo, veíamos muy difícil poder ofrecer nuestros propios servicios, cuando soñábamos montar un negocio personal.

Con el tiempo, y ante la decisión de cambiar -o a veces, empujados por la coyuntura, como la fuerte crisis argentina del 2001 que obligó a muchos a dar un vuelco total en su carrera profesional-, necesitamos aprender a emprender. Esto incluye la incorporación de nuevas habilidades, que, sintéticamente, se pueden expresar en tres frases:

a. Debe creer firmemente en su proyecto y su producto.

b. Tiene que confiar en su poder interno: usted es capaz de desarrollar exitosamente su proyecto... tanto como lo hacen sus competidores (a quienes posiblemente observa con cierta admiración en más de un caso).

c. Sepa que el éxito está esperándola: es absolutamente posible que usted se posicione entre los diez mejores de su segmento profesional.

Y ahora, dé un buen masaje a las creencias limitantes. Algunos puntos de partida:

1) Analice si cuenta con la mejor oferta del mercado. Con honestidad, califique de 1 a 10 su calidad de producto y servicios, materias primas, atención, personal, capacitación suya y de su staff, etc. Obtendrá valiosa información de este simple ejercicio. Haga los ajustes que necesite hasta ponerse por encima de 9 puntos en todo, con preponderancia de 10 en su "boletín de calificaciones".

2) Utilice la técnica de los 'Mystery Shoppers". Realice visitas incógnita a colegas que compiten en su mismo segmento, y que usted observa con cierta admiración. ¿Cómo la atienden? ¿Qué tácticas y estrategias implementan en comunicación e imagen? ¿Qué precios utilizan en los distintos servicios? ¿Qué valor agregado ofrecen?

3) Haga seguimientos y nútrase de información vía Internet. Compare su experiencia con la de colegas de otros países, e incluso de ciudades de Argentina. Intercambie información. Participe en foros abiertos y gratuitos.

4) Póngase la meta de entrenar sus habilidades, al menos, cada tres meses. Participe de cursos breves, talleres o cualquier otro tipo de capacitación en ventas, liderazgo, poder personal y comunicación. Hay muchas ofertas gratuitas o de valor accesible disponibles en el mercado. Esto le permitirá mantenerse enfocada en el éxito de su negocio (es decir, "el vaso medio lleno"), y no mirar tanto "el vaso medio vacío", como usted sugiere en su consulta.

5) Implemente acciones de marketing directo. Puede crear una chequera de descuentos y beneficios (recuerde que los descuentos que expresan cifras de dinero -por ejemplo: "Vale por "x" pesos de descuento en la próxima sesión de masajes a tomar dentro de los 90 días contados a partir de la fecha") tiene un valor percibido mucho más alto que una promoción que diga "Vale por un 5% de descuento en su próximo masaje". Esta chequera puede entregarla a clientas frecuentes; obsequiarles un voucher con descuento para que ellas queden bien con su mejor amiga —establecimiento de redes que multipliquen su negocio—; y a la vez, enviarlo a una serie de periodistas conocidas de su emprendimiento, o de medios dedicados a mujeres.

6) Analice sus inversiones en publicidad. Si bien esta es una disciplina de las agencias de publicidad, expertas en el tema, usted debe tener un conocimiento básico del tema, para saber si sus volantes, folletos, cartelería, anuncios, vidrieras, etc., son las apropiadas para el target (segmento) al que se dirige. Esto le permitirá obtener una optimización de sus recursos destinados a publicidad. A propósito: ¿ha destinado un porcentaje de la ganancia neta mensual a temas de comunicación? Es mejor saber que dispone de "x" dinero mensual para invertir en comunicación, que hacerlo sin tener noción cierta de cuánto va invirtiendo, lo cual dispersa energía y recursos.

7) Ponga en marcha una encuesta de satisfacción entre sus clientes. Debe ser un formulario sencillo con no más de 5 preguntas a responder tipo "múltiple choice", para calificar entre MUY BUENO - BUENO - REGULAR - MALO en cinco puntos claves de su negocio, le dará una pauta sobre dónde están sus puntos fuertes y débiles del servicio. Esto le permitirá mejorar, no sólo en el servicio, sino apuntalar la comunicación sobre las bases de esos "puntos fuertes" que a usted la distinguen del resto.

8) Consuma medios y nútrase de literatura de quienes tienen éxito en sus negocios. Lea atentamente diarios, revistas; mire ciertos espacios en televisión; escuche programas de radio sobre temáticas afines. Lea historias de emprendedores buscando inspiración. Es recomendable un libro muy interesante, llamado "Mi primer millón", (de Godefroy y Charles, Editorial Atlántida), disponible en todas las librerías o sitios de venta online. Cuenta casos de grandes multimillonarios... y sus comienzos como emprendedores muy modestos hasta llegar a ser verdaderos gigantes en lo suyo.

9) Realice acciones con amigos famosos. Puede invitarlos a tomar servicios gratuitos en su spa. Esto permitirá que los demás clientes sientan que pertenecen "de alguna manera" a un círculo especial y exclusivo; y, a la vez, puede tomar fotos de ellos en su emprendimiento, y contactar a algunos periodistas de revistas afines a su target, para enviárselas como contenido de color. Los medios son receptivos a este tipo de materiales, siempre y cuando reflejen de manera moderada la aparición de la marca, y que les dé una "noticia" para comentar. Aun así, necesita saber que es el medio el que selecciona el material, y que no necesariamente lo van a publicar.

10) Celebre sus aniversarios. ¿Cumple un año de actividades? Realice una semana especial de festejos, con promociones, servicios adicionales, charlas abiertas para clientes frecuentes y potenciales con especialistas invitados, etc. Puede promoverlas a través de agendas de actividades en los diarios, folletos en un radio de 10 cuadras a la redonda de su establecimiento, y volantes muy bien impresos y diseñados por expertos a entregar en mano a sus clientes. También puede enviar una carta personalizada y firmada por usted ante el cumpleaños de cada cliente, invitándolo con alguna cortesía de su parte: esto apunta a fidelizar al cliente.

11) Cuide la atención. ¿Su personal está debidamente entrenado? ¿Tiene su gente el uniforme apropiado? ¿El local transmite calma, paz, alegría, abundancia, energía positiva? ¿La música funcional es agradable, o simplemente, ponen la FM que más le gusta a usted o a su personal? Tenga en cuenta que todo esto suma y comunica valores y atributos de su proyecto.

12) Reemplace la palabra costo en sus listas de precios y folletos. En su lugar, ponga "valor". La palabra "costo" denota sacrificio, esfuerzo, algo que "cuesta" y que se puede hacer "cuesta arriba" de pagar; en cambio, "valor" es una palabra en positivo. Esto lo puede aplicar también en el lenguaje cotidiano de todo su equipo: borre las palabras precio y costo. Reemplácela por "el valor es…". Con el tiempo, notará la diferencia.

PLAN DE ACCIÓN

Ideas y próximos pasos:

61. Crea firmemente en su proyecto y su producto

62. Confíe en su poder interno

63. Haga una valoración honesta de su producto o servicio

64. Observe las tácticas y estrategias de comunicación de sus competidores

65. Analice la imagen de sus competidores para su beneficio

66. Intercambie información e ideas con colegas

67. Inscríbase en talleres de comunicación o imagen

68. Realice acciones de marketing directo

69. Ofrezca beneficios y descuentos a clientes y prospects

70. Extienda los beneficios y descuentos a periodistas del segmento

71. Analice bien sus inversiones en publicidad

72. Haga una encuesta de satisfacción entre sus clientes

73. Aprenda de historias de otros emprendedores

74. Consuma medios con inteligencia

75. Invite a famosos para darle prestigio a su proyecto

76. Dé charlas abiertas para clientes y potenciales con especialistas invitados

77. Divulgue su agenda de actividades en medios, folletos en un radio de 10 cuadras a la redonda de su establecimiento

78. Cuide la calidad de su atención telefónica

79. Elimine la palabra "precio" y "costo" cuando se refiera a sus tratamientos

80. Utilice la palabra "valor" para referirse a sus servicios.

Cómo captar turismo extranjero

Un caso de venta de paquetes de golf

DESAFÍO

Un emprendedor está iniciando su empresa de venta de paquetes de golf para turistas extranjeros. Tiene todo preparado desde el punto de vista recreativo y deportivo, pero necesita saber cómo hacer campañas publicitarias y de promoción gratuitas.

RESPUESTA

En principio, la única forma en que podría obtener algún tipo de espacios gratuitos, es si usted fuese una Organización No Gubernamental (ONG) sin fines de lucro. En su caso, por tratarse de un emprendimiento comercial, en el que usted busca generar un negocio, conviene que repare en algunos puntos que quizás deba considerar para poner en marcha su gestión de comunicación:

1) Defina el target de su emprendimiento: esto le permitirá detectar quiénes son los potenciales consumidores a los que desea llegar.

2) Contacte a algunos consultores especialistas en comunicación, relaciones públicas y relaciones con la prensa. Recomendación: prepare un buen brief (descriptivo detallado) de todos los aspectos de su negocio, incluyendo su plan comercial y su proyección a dos y tres años, por lo menos.

3) Diseñe su identidad corporativa: imágenes, logotipos, isotipos, identidad gráfica, que conformarán la "personalidad" visual de su emprendimiento. Este aspecto es sumamente importante a la hora de delinear un plan estratégico de comunicación.

4) Destine un presupuesto apropiado a invertir en publicidad, promoción y relaciones públicas, por lo menos para el primer año. Hay tres tipos básicos de comunicación para productos de su naturaleza. En términos generales, aquí va un resumen que puede ser de utilidad:

Comunicación publicitaria, por ejemplo avisos en diarios y revistas, spots de radio y TV, banners en Internet, etcétera. Debe considerar una fuerte inversión en medios extranjeros, para "atraer" la atención de turistas que puedan consultarlo. Es aconsejable consultar con una agencia de publicidad pequeña o mediana, que podrá asesorarlo profesionalmente en el armado de un buen sitio de Internet, campañas de avisos de publicidad paga que podrían abarcar revistas de líneas aéreas, sitios de Internet de alta exposición y otros segmentados al golf, etc.

Comunicación promocional: por ejemplo, el contacto directo mediante mailings personalizados, folletos entregados en ma no, un objeto promocional dirigido a su segmento específico de potenciales consumidores, o participación de su emprendimiento en un evento de su actividad con un stand. En este punto, es ideal que contacte a agencias especializadas en promociones o marketing BTL (Below the line), la disciplina del marketing que le permitirá realizar acciones efectivas, de alto impacto y muy focalizadas en su potencial cliente.

Relaciones Públicas: todas aquellas acciones con los distintos públicos a los que Ud. se dirigirá. Por ejemplo, potenciales compradores de sus paquetes de golf para extranjeros.

Difusión periodística: es decir, la creación y posterior gestión de difusión de noticias de impacto a partir de verdaderos diferenciales de su producto, que podrían encontrar eco en los distintos medios de prensa. Recuerde que los medios seleccionan las noticias de acuerdo a su importancia, y que a mayor diferencial, mayor potencial de aparición tienen estos contenidos en los medios, ávidos de novedades.

La lista de ideas continúa con múltiples sugerencias de tácticas concretas:

5) Realice encuentros 1-to-1: encuentros personalizados con periodistas especializados en golf, a los que puede comentarles su proyecto, e incluso, invitarlos a vivir la experiencia. Puede también ampliar sus relaciones con el segmento turismo, para que se interesen en conocer su producto.

6) Diseñe y ponga online una web atractiva, funcional, rápida de bajar y navegar, en varios idiomas. Para esto, es aconsejable que busque asesoramiento profesional, no sólo en el aspecto de diseño gráfico, sino en empresas especializadas que le brindarán un servicio de tracking (monitoreo de quienes visitan su sitio, en qué secciones navegan, en qué buscadores de Internet le conviene tener presencia, etc.). Muchas de estas herramientas se consolidan gratuitamente con el tiempo por el solo hecho de estar online y sumar miles de visitas -si su sitio es un éxito-. Clave: actualice su sitio por lo menos una vez a la semana, de forma tal que cualquier visitante lo vea siempre renovado.

7) Cree un Newsletter mensual y administre muy prolijamente estos contactos. Requiere que dedique recursos tecnológicos básicos, tiempo personal y mucho sentido común. Debe estar en varios idiomas.

8) Disponga de al menos cuatro horas de su día, a temas de comunicación. Son fundamentales para el éxito de su negocio. Y es preferible que no solicite entrevistas con especialistas hasta no tener correctamente identificado, desarrollado y avanzado su plan de negocios. Pues es mejor esperar que dar pasos de gigante, cuando todavía su proyecto está en una etapa preliminar.

9) Promueva su negocio con contenidos interesantes. Lo novedoso y abarcativo para más de un público específico, potencia las posibilidades de atracción, tanto de periodistas como de posibles compradores de su servicio.

10) Trabaje con profesionales: generalmente en los inicios muchos buscan acercar a un equipo de amigos o familiares de distintas áreas; es preferible que invierta los recursos apropiados en asesoramiento profesional que le brindará el resultado que Ud. necesita.

11) Tenga paciencia. Los resultados en cualquier plan de comunicación se ven entre los seis meses a un año de lanzado masivamente un producto. Y aun así, no son determinantes del éxito comercial.

12) Entrénese como vocero. Si usted desea aparecer en los medios, necesita prepararse lo suficiente como para hacer sus entrevistas atractivas, novedosas, con lenguaje sencillo y apropiado a cada tipo de medio periodístico que le toque abordar.

La habilidad de expresar una idea, es tan importante como la idea misma

Aristóteles

Filósofo griego.

PLAN DE ACCIÓN

Ideas y próximos pasos:

81. Defina el target de su emprendimiento

82. Conforme una base de contactos adecuada a su proyecto

83. Desarrolle un plan comercial con proyección a dos/tres años

84. Prepare un brief descriptivo de su negocio

85. Imprímale "personalidad" visual a su emprendimiento

86. Corrobore que la imagen gráfica concuerde con la identidad de su empresa

87. Destine un presupuesto apropiado para publicidad y promoción

88. Practique el contacto directo con potenciales clientes mediante mailings personalizados

89. Promocione en medios extranjeros para "atraer" la atención de turistas

90. Utilice promociones o marketing BTL (Below the line)

91. Participe de eventos de su actividad

92. Difunda los diferenciales de su producto

93. Gestione con los medios noticias de impacto sobre el área en que se desempeña

94. Mantenga encuentros one-to-one con periodistas especializados en su segmento

95. Amplíe sus relaciones con los medios de turismo para que conozcan su producto

96. Active una web atractiva y funcional

97. Monitoree las preferencias de quienes visitan su sitio

98. Actualice su página web con mucha frecuencia

99. Envíe un Newsletter mensual con noticias y novedades

100. Elabore un contenido abarcativo para más de un público específico.

Cómo motivar a profesionales

Un caso de capacitación y coaching

DESAFÍO

Un terapeuta está en problemas. Tiene muchos pacientes que son profesionales y especialistas, como médicos, arquitectos, contadores y odontólogos. Algunos están trabajando por salarios menores a sus posibilidades porque no se animan a emprender.

El terapeuta quiere poner en marcha un proyecto para acercarles herramientas y que las utilicen a fin de aprovechar esas oportunidades que existen. Un ejemplo de esto son los odontólogos o cirujanos plásticos que reciben gente del exterior para tratamientos que en otros países cuestan diez veces más, o arquitectos que hacen animaciones en 3D para estudios de otros países, entre otros.

¿Cómo puede abordar la comunicación en la consulta individual, y también a nivel más masivo para que se animen a buscar nuevos horizontes y crear oportunidades y capitalizarlas? ¿Cómo lograr que utilicen las herramientas que se les ofrecen?

La síntesis de la consulta es: "cómo lograr que muchas personas valiosas despierten su 'poder emprendedor' y se decidan a mejorar su vida personal y profesional, expandiéndose". Aquí van algunas sugerencias:

a. No todo el mundo tiene la "llama" interna del emprendedor. Por lo tanto todos podemos ser emprendedores… pero emprender no es para cualquiera

b. Muchas personas se mueven permanentemente en su zona de comodidad (ese espacio conocido más allá del cual se sienten asaltados por los miedos e incertidumbre).

c. Y muchos más, aun, son espectadores pasivos, observando cómo los demás concretan sus metas… ¡y hasta se animan a criticar!

Como dice el maestro espiritual John Roger, "las buenas intenciones no bastan. Hacen falta resultados".

Si ha diseñado alguna herramienta de crecimiento personal y profesional, con el objetivo de promover la toma de conciencia sobre la posibilidad de crear mejores oportunidades profesionales, la forma de comunicarla es a través de redes.

La conformación de una red lleva tiempo, dedicación, atención, contención ya sea que se trate de un libro, un taller, curso, grupo de autoayuda / interapoyo, encuentros de reflexión, tutoría virtual vía Internet para estimular a las personas a crecer, aprender y avanzar:

1) Establezca bien quién es su target. Este es el primer paso, debe saber a ciencia cierta a quién se va a dirigir, quién es su público.

2) Indague acerca de las motivaciones de ese nicho específico. ¿Qué les gusta? ¿Qué tipo de materiales consumen? Si leen un libro de negocios ¿cuál es?, si miran televisión ¿qué programas les llaman la atención?, si usan palabras recurrentes para referirse a personas emprendedoras, ¿cuáles son? ¿Cuál es el tono de voz que utilizan en esas ocasiones? ¿Dónde viven? ¿Son varones, mujeres, casados, solteros, en pareja?

3) Póngale un buen nombre a tu proyecto. El nombre lo dice todo. Breve, conciso, que resuma el espíritu, la idea, y sobre todo, el beneficio concreto y tangible que obtendrá cualquier persona que participe de esa experiencia (sea cual fuere).

4) Arme una potente base de datos. Puede agruparlas por comunidades con cierta afinidad (lo que en marketing se llama segmentación de mercado; por ejemplo, por edades, sexo, preferencias de distinto tipo, ciudades, estudios, temáticas que les interesan, etc.).

5) Cree una herramienta de comunicación específica para cada uno de esos grupos. Por ejemplo, un newsletter electrónico, y adecuar los contenidos de dicha pieza de comunicación a los intereses de cada grupo. Esto significa que, sobre una base genérica, podrá incorporar algún contenido diferencial para llegar más eficazmente a determinado grupo de interés. Aquí es fundamental definir la identidad visual (logotipo, tipografía, diseño, etc.).

6) Establezca la frecuencia apropiada para enviar sus novedades. Es clave no abrumar con el envío de contenidos en el Newsletter. Textos cortos, poderosos, que inviten a reflexionar, y que ofrezcan herramientas concretas, simples, sencillas, para que cada persona se automotive a experimentar lo que usted está proponiendo.

7) Genere un plan de difusión del Newsletter. Aquí podrá aplicar el posicionamiento en buscadores; crear campañas para multiplicar su base de datos; publicar avisos en cierto medio específico afín al nicho al que se dirige; escribir una columna de opinión sobre un tema candente y ofrecerla al editor de un suplemento de un diario o revista; colgar en su propio website un link (enlace) diferencial para expresar ahí sus opiniones; crear un blog (espacio virtual) para intercambiar opiniones con gente cercana a la temática que le interesa desarrollar, etc.

8) Sea paciente y respete el tiempo de cada uno. No todos procesamos la información de la misma forma, y habrá muchas personas que, tras recibir su primera comunicación, se borrarán de la lista de destinatarios a la vez siguiente... porque no les interesa el tema. Es lógico y normal. (Por favor: respete siempre esos pedidos de "remover" que le lleguen. Esto requiere orden y disciplina, aunque es fundamental para sostener la credibilidad e integridad del proyecto).

9) Desarrolle los vínculos con periodistas. Podrá ofrecerles artículos, hacerles llegar el Newsletter y "sembrar" para que lo tengan en cuenta y, a futuro (en un plazo que puede ir desde los seis meses a los cinco años aproximadamente), transformarse en un referente en esa especialidad.

10) Disfrute del proceso, al ver que habrá centenares -por que no miles- de personas que obtendrán valor en lo que Ud. hace día a día.

CLAVE FINAL

Sostenga el enfoque. Es muy frecuente que nos vayamos de rumbo, que posterguemos la continuidad del proyecto o, simplemente, que aveces podamos sentirnos abatidos cuando las cosas no resultan como esperamos. Paciencia: ese es justo el momento en que todo puede comenzar a cambiar a nuestro favor.

PLAN DE ACCION

Ideas y próximos pasos:

101. No le tema a la autocrítica

102. Coloque formularios de contacto bien diseñados en su website

103. Considere colocar su foto en su pagina web

104. Recuerde que una foto comunica, a veces, mas que las palabras

105. Evite colocar fotos no profesionales

106. Incluya su curriculum profesional si su proyecto lo amerita

107. Comunique a través de redes

108. Establezca bien a quien se va a dirigir, quien es su publico

109. Indague acerca de las motivaciones de posee su nicho de mercado

110. Pongale un buen titulo a su proyecto

111. Piense un slogan que resuma el espíritu de su emprendimiento

112. De a conocer que beneficios aporta su proyecto a quienes participan

113. Arme una buena base de datos

114. Segmente su base de datos de forma inteligente

115. Cree una herramienta de comunicación especifica para cada grupo de su base

116. Adecue los contenidos de la comunicación a cada grupo de su base

117. No abrume con el envío de contenido en el Newsletter

118. Escriba textos cortos, poderosos y que inviten a reflexionar

119. Busque posicionar bien su Newsletter en los buscadores de internet

120. Utilice la publicación de avisos en medios estratégicos. Haga acuerdos e intercambios con su propia red de contactos.

Cómo dejar el sueldo fijo y animarse a emprender (I)

El caso de una empresa de organización de eventos

Una traductora de inglés está cursando la carrera de Relaciones Públicas e Institucionales en una conocida Universidad. Trabajó durante 20 años en relación de dependencia en grandes corporaciones como Sheraton, ICI, Pepsi Cola, Cervecería Quilmes, Lucent Technologies, KPMG y Ernst & Young. Desea comenzar a profesionalizar su trabajo y el de sus dos socias, y formalizar la empresa de organización de eventos preparando un dossier o una carpeta de presentación, el nombre, un logotipo, etcétera. Posee las herramientas económicas para comenzar el emprendimiento, pero le está faltando una guía de la logística necesaria para echarse a andar como empresa.

Como muchos, la emprendedora ha pasado por la experiencia de la cultura corporativa, antes de decidir encarar un emprendimiento independiente. Sin dudas, todo lo aprendido, por la variedad de temas y gente que ha conocido, podrá volcarlo y, a la vez, capitalizarlo para el nuevo proyecto.

No siempre es suficiente lo que se aprende en la facultad; sino que el día a día, la relación directa con el mercado y el aprendizaje sobre la base ensayo-error (de donde surgen las oportunidades para mejorar) dan una ventaja cuali-cuantitativa apreciable.

1) Despierte el interés en el segmento de altos ejecutivos. La pregunta que surge es: ¿son ellos quienes deciden contratarlas? Porque en muchas compañías este tipo de servicios, a veces, debe pasar por otras instancias de la organización, si bien quien está al frente del proyecto (y el que "firma la orden de compra") puede ser ese alto ejecutivo. Por lo tanto, quizás deban identificar -si aun no lo han hecho-cuáles son los otros niveles que ayudan en la toma de decisiones del ejecutivo, para que conozcan sus productos y servicios.

2) Desarrolle un concepto de comunicación de su empresa. Respecto a la identidad, es cierto que la palabra "evento" tiene connotaciones demasiado amplias -y, con frecuencia, no demasiado claras en el momento actual del mercado. Clave: diseñar un concepto de comunicación que les permita transmitir en no más de tres a cinco palabras, lo que verdaderamente hacen y los diferenciales que ustedes desean transmitir.

3) Formalice los papeles societarios. Este paso es fundamental. Las grandes empresas necesitan hoy tener como proveedores a aliados que les den respaldo. La clave es contar con la asesoría jurídica y contable apropiada, para constituir la sociedad entre las socias que mejor las represente. Los especialistas en el tema sabrán orientarlas.

4) Aclare las cosas con sus amigas. ¿Trabajarán juntas? Hay muchos casos exitosos en este aspecto... y otros que no lo son tanto. Es muy frecuente observar que los equipos de trabajo con amigos pueden presentar inconvenientes con el tiempo, debido a la mezcla de emociones que aparecen -naturalmente- en el entrecruce de dichas relaciones. Clave: distribuir bien las tareas; organizar un organigrama claro; definir funciones y que cada uno respete dichas decisiones. Habrá alguien que debe encabezar el proyecto con nombre, apellido y cargo; y los demás miembros del equipo (ya sean estables o freelance, o consultores externos) también deben figurar en ese organigrama y reportar a quien asuma el rol de 'jefe'. Esto incluye fijar los sueldos de cada rol, al igual que harían si tuviesen que contratar especialistas para esos puestos. Este ejercicio es fundamental para que su emprendimiento crezca "sano" y con total transparencia y claridad hacia adentro (lo que, necesariamente, se traduce hacia afuera).

5) Prepare excelentes materiales de presentación. Es fundamental el diseño de materiales profesionales de presentación de sus productos y servicios. Ante nuevos prospects (posibles nuevos clientes), quien ostente el cargo de Director Comercial -si ése es el nombre elegido para dicho rol- deberá contar con estos soportes actualizados al día. Clave: lleve siempre disponibles al menos dos o tres juegos de estos materiales en su maletín de trabajo... sin olvidarse, por supuesto, de tarjetas personales en cantidad: nunca se sabe dónde puede aparecer el próximo negocio.

6) Apóyese en su diferencial. ¿Qué es lo que verdaderamente las hace diferentes? Lo que usted cuenta en su consulta, si bien es claro, a priori parece no aportar demasiado valor sustancialmente distinto para el mercado, puesto que todos los que se dedican a esta actividad, en más o en menos expresan lo mismo. Clave: detectar cuáles son sus fortalezas y sus debilidades; apoyar sus fortalezas y potenciar el trabajo sobre sus debilidades, para definir exactamente cuál es el nicho en el que compite.

7) Implemente un programa de Comunicación Externa. Puede dar a conocer su empresa mediante acciones de relaciones públicas en medios especializados y masivos. Puede escribir un e-book (libro electrónico) y ofrecerlo gratuitamente desde su website. También podrá contactar a diversas universidades y ofrecerles una charla o conferencia sobre su especialidad. Este camino de "sembrado" permitirá elevar su visibilidad en el imaginario de la gente, y, con el tiempo, transformarse en referente en su actividad.

8) Creen mercado. Si no hay alguien haciéndolo, ése es su espacio. Están en el proceso de crear mercado; por lo tanto, todos los pasos que vayan dando, por más graduales que sean -cambios microscópicos sostenidos en el tiempo- producirán un gran impacto, si parte de la base de la planificación, claridad conceptual y establecimiento de las redes apropiadas para desarrollar su negocio. Aproveche toda su experiencia laboral anterior para aplicarla en su proyecto.

PLAN DE ACCIÓN

Ideas y próximos pasos:

121. Indague cómo es el circuito de decisión de compra de sus potenciales clientes

122. Actúe sobre las personas clave en el proceso de decisión de compra

123. Ofrezca información amplia y detallada de sus servicios

124. Diseñe un concepto de comunicación que transmita en no más cinco palabras lo que ustedes hacen

125. Remarque los diferenciales que ustedes tienen a través de la comunicación

126. Formalice su sociedad como empresa

127. Defina un organigrama claro

128. Distribuya bien las funciones y tareas de cada socio

129. Diseñe un brief de presentación de sus productos y servicios

130. Lleve siempre varias copias de su brief corporativo a las reuniones

131. Tenga siempre a mano tarjetas personales en cantidad

132. Detecte cuáles son sus fortalezas y sus debilidades y actúe en consecuencia

133. Defina exactamente cuál es el nicho en el que compite

134. Dé a conocer su empresa mediante acciones de relaciones públicas

135. Genere materiales para ser publicados en medios especializados y masivos

136. Escriba un e-book y ofrézcalo gratuitamente desde su website

137. Contacte a universidades y ofrezca una charla sobre su especialidad

138. "Siembre" su marca en diferentes ámbitos para elevar su visibilidad en el imaginario de la gente

139. Piense en estrategias para "crear" mercado paulatinamente

140. Aproveche toda su experiencia laboral anterior para aplicarla en su proyecto.

Las buenas empresas satisfacen necesidades. Las empresas excelentes crean mercados.

Philip Kotler
Especialista en marketing.

Cómo pasar de las ideas a la acción

Un caso de venta de servicios educativos en inglés

DESAFÍO

Un profesional dicta cursos de Presentaciones Orales Efectivas en Inglés (Effective Presentations in English). En las empresas en las cuales da clases, las evaluaciones de los participantes han sido muy buenas, incluyendo compañías de primer nivel. Sin embargo, le cuesta hacer nuevos clientes y su ratio contactos-contrataciones es bajísimo. ¿Qué hacer en estos casos?

RESPUESTA

La venta de servicios de capacitación ejecutiva es una de las más desafiantes, y requiere de la aplicación de una multiplicidad de herramientas combinadas, para lograr efectividad en los resultados. Además, hay que pensar y repensar las estrategias para expandirse aun más en un segmento sumamente competitivo, porque:

- No todas las empresas tienen una persona encargada de capacitación. En ciertas compañías, está dentro de la órbita de recursos humanos; en otros casos, de marketing, y en muchos más, de comunicaciones. Por lo cual sus técnicas de ventas son sustancialmente diferentes.
- En Sudamérica y muchos países de Europa se observa la tendencia a derivar este tipo de contrataciones al área de compras.

Las recomendaciones:

1) Haga tangible lo intangible. En el caso de este tipo de ofrecimientos, por la intangibilidad del servicio a ofrecer, es necesario profundizar en las herramientas de comunicación, para transformar en tangible lo intangible.

2) Obtenga información privilegiada sobre la empresa a contactar: esto significa conocer a fondo la estructura, organigrama, puestos directivos, saber quién tiene el poder de decisión de compra, etc. Muchos de estos datos pueden relevarse a través de Internet.

3) Prepare listados de prospects. Este es uno de sus principales capitales de trabajo. Incluya detalles pormenorizados que consiga a partir de su investigación por distintas fuentes.

4) Tenga en cuenta los cierres de presupuestos anuales. Por lo general, se establecen y cierran entre octubre y diciembre de cada año. Por lo cual éstos serían los mejores meses para "estar presente" en el proceso de captación de nuevos clientes.

5) Fidelice a sus clientes actuales. ¿Pensó en detectar y ofrecer productos segmentados para ellos? ¿Qué tal retomar el contacto con todos los que ya recibieron su capacitáción, y ofrecerles un "nivel avanzando"?

6) Desarrolle herramientas tecnológicas. ¿Posee un sitio de Internet? Esta es una herramienta fantástica para poder tangibilizar sus servicios. Además de la oferta de sus cursos, puede escribir columnas de opinión, reflejar conceptos de quienes ya tomaron sus entrenamientos, colocar fotografías, calendarios de actividades, y hacer un Newsletter mensual especializado en sus temáticas. Esto le permitirá crear una comunidad virtual que siga sus actividades.

7) Explore su creatividad y desarrolle algo único y especial. ¿Hay un entrenamiento de presentaciones efectivas en inglés que no sea el estándar? Podría ser interesante desarrollarlo para quienes ya tomaron su curso en español e inglés, y desean seguir avanzando.

8) Capacite en formatos cortos, además de sus cursos regulares. ¿Qué tal diseñar un curso sobre cómo armar discursos exitosos? Aquí podría ampliar aun más su campo de acción.

9) Instituya días especiales y celebraciones que podrían constituirse con los años en casos de marketing. Por ejemplo, podría instituir desde sus cursos el Día del Orador Eficaz; enviar un texto o artículo de contenido como refuerzo y anclaje de los conceptos que usted enseña, y además, a algunos clientes importantes, un obsequio especial recordatorio de este día.

10) Piense que su mercado es el mundo. Tal vez quiera considerar expandirse a nivel mundial, contactándose con compañías nacionales e internacionales dedicadas a capacitación ejecutiva, y ofrecer sus productos para la representación a través de ellos, compartiendo las ganancias. Quizás se sorprenda de los resultados, viajes y nuevas redes que pueden abrirse.

11) Incluya sus datos en cuanta guía educativa exista. ¿Figuran sus datos actualizados en distintas guías online? (sugerencia: revise urgentemente este punto; puede ser que sus teléfonos, mails y demás vías de contacto no estén al día).

12) Ofrezca artículos a los medios de comunicación en secciones clave. Escriba artículos en tono periodístico, y ofrézcalos periódicamente a diarios y revistas en secciones de recursos humanos, economía y negocios, empresas, capacitación, marketing y publicidad, y cualquier otro nicho en el que le interese insertarse.

Más sugerencias sobre materiales:

13) Diseñe un flyer, brochure o folleto institucional; o bien, una carpeta de diseño profesional, y un DVD o CD Rom con herramientas "que tienten" a quien lo vea a adquirir sus servicios.

14) Edite este mismo material en pdf (para abrir con Acrobat Reader) en lugar de enviar archivos de presentación por e-mail en formato .doc (Word).

15) Recuerde incluir una pequeña fotografía suya como referencia: la imagen del capacitador lo dice todo. Recuerde siempre utilizar fotografías profesionales.

16) Edite un producto parecido en DVD: esta sería una forma de hacer una diferencia respecto a capacitación, ya que usted podrá vender este material luego de cada curso; comercializarlo online; proponer prácticas interactivas para los usuarios y otra gran variedad de recursos.

17) Revise periódicamente la redacción de los materiales, cuidando puntillosamente la puntuación, acentos y conceptos que se vierten en ellos.

18) Ofrezca seminarios 'gancho' para captar la atención. Por ejemplo, podrá hacer un seguimiento online a través de su página de Internet, a todos los alumnos que toman sus cursos: esto le permitirá fidelizarlos, visitando su sitio, y, a la vez, enviándole artículos y sugerencias especiales a esta "comunidad virtual".

19) Observe su política de honorarios. ¿Están acordes al mercado? ¿Le dan verdadero valor respecto de la calidad del producto que usted ofrece? Analizar estos aspectos es de fundamental importancia para el crecimiento de su emprendimiento.

PLAN DE ACCIÓN

Ideas y próximos pasos:

141. Profundice sus herramientas de comunicación para transformar en tangible lo intangible

142. Haga una lista de prospects e investigue por distintas fuentes sobre los mismos

143. Interiorícese acerca de la empresa que va a contactar

144. Sepa quién tiene el poder de decisión de compra

145. Refuerce su comunicación teniendo en cuenta el período presupuestario de las empresas

146. Ofrezca productos segmentados

147. Retome el contacto con quienes ya recibieron su capacitación y ofrezca un "nivel avanzando"

148. Tenga su propio sitio de Internet para poder "tangibilizar" sus servicios

149. Refleje en su website conceptos de quienes ya tomaron sus entrenamientos

150. Muestre en su página web el calendario de actividades

151. Instituya desde sus cursos el "Día del Orador Eficaz"

152. Refuerce los conceptos que enseña mediante artículos periodísticos

153. Procure posicionarse en buscadores de Internet

154. Incluya sus datos actualizados en distintas guías online

155. Escriba artículos periodísticos y ofrézcalos a secciones de recursos humanos, economía y negocios

156. Priorice su material en pdf (Acrobat Reader) por sobre el formato .doc (Word)

157. Haga un DVD o un CD Rom con herramientas "que tienten" a quien lo vea a adquirir sus servicios

158. Edite un producto de enseñanza interactiva en DVD

159. Incluya una foto suya en sus materiales de promoción

160. Ofrecer un seguimiento online a través de su página web a sus alumnos.

La habilidad es lo que tú eres capaz de hacer. La motivación determinara lo que hagas. La actitud determinara cuan bien lo hagas.

Lou Holtz
Renombrado coach del fútbol americano.

Cómo vender un servicio a empresas

El caso de los especialistas en gestión de inventarios

DESAFÍO

Un licenciado en administración de empresas está armando una compañía que se dedicará a la gestión de inventarios. Por lo general, es una tarea operativa engorrosa que pocas empresas quieren desarrollar internamente. Trabaja junto a una ex compañera, también licenciada y contadora. Ambos tienen experiencia en la actividad por haber prestado servicios en una gran empresa del mismo sector. En la primera etapa ofrecerán servicios de conteo y luego asesoramiento. Necesitan saber cómo comunicar este emprendimiento a los potenciales clientes.

RESPUESTA

En primer lugar, tienen un aval importante para comenzar a ofrecer sus servicios, y son sus "credenciales" profesionales; es decir, sus títulos de grado, pero, más que eso, la experiencia práctica de la actividad que van a desarrollar. Entonces, basados en esa premisa, aquí van algunas ideas:

1) Investigue sobre la competencia. ¿Ya la han definido? ¿Quiénes compiten en su mismo segmento? ¿Cómo se comunican? ¿Qué muestran en sus websites? ¿Cuánto personal tienen? ¿Hay fotos de los titulares de cada empresa? ¿Son de capitales nacionales o extranjeros? ¿A qué segmento apuntan? ¿Quiénes son sus principales clientes? ¿Hay algunos de esos clientes a los que ustedes tienen acceso para chequear si están satisfechos con dicho servicio? (esto les dará información valiosa sobre los diferenciales de su emprendimiento respecto a los de la competencia).

2) Elabore una gran base de datos de contactos actuales y potenciales. Es fundamental saber quién es el decisor de compra de su servicio. ¿Es el gerente de compras? ¿O el jefe de logística? ¿O el contador de una empresa? Este dato no es menor, por cuanto les permitirá llegar directamente a quien contrata este tipo de servicios, y allanará el camino.

Claves para poner en acción el punto 2):

a. Rastrear en sus propias bases de datos
b. Indagar en sus centenares de conocidos, colegas, redes directas e indirectas en las que ustedes se mueven
c. Actualizar esa información en un soporte que les permita mantenerlo administrado día a día, al detalle, con nombres, apellidos, cargos, razón social de cada empresa a contactar, teléfonos, websites, e-mails, etc.
d. Navegar por los websites de cada "prospect" (futuro cliente): allí podrán encontrar centenares de informaciones de utilidad.
e. Conseguir todas las guías industriales y de Pymes existentes en el mercado: les dará mucha información complementaria a la que ustedes necesitan.

3) Contrate el desarrollo profesional de un website con información relevante sobre su emprendimiento, los productos, el sector en general, y su diferencial (es decir, "por qué tienen que elegirlos"). Este website tiene que contar con su desarrollo profesional de identidad corporativa (logotipo, isotipo, textos, slogans, imágenes que ilustren el servicio que brindan). La web debe contener, asimismo, todos sus antecedentes profesionales con una foto profesional de cada responsable de área, la estructura con la que cuentan, la garantía de confidencialidad de datos que manejen, los seguros (probablemente sea algo fundamental en el rubro en que se mueven), y los datos de contacto.

4. Diseñe, en concordancia con su identidad corporativa, un folleto de alta calidad, o una carpeta que contenga hojas (también de alta calidad) donde muestren los servicios, ventajas, clientes actuales que puedan mencionar, etc., para visitar a futuros prospects o contactos que vayan desarrollando.

5) Establezca programas educativos y formativos. ¿Qué tal crear unas jornadas informativas -por ejemplo desayunos de trabajo- para grupos de hasta 20 personas, donde inviten a los decisores de compra? Estos desayunos serían de relacionamiento, en un lugar de alta categoría, donde ustedes expondrán sobre aspectos globales del negocio en el que se mueven -sin hacer foco en una acción de ventas-. Objetivo: conocer la cara de quienes toman la decisión, intercambiar tarjetas, y cerrar la posibilidad de reuniones posteriores para profundizar sobre sus productos o servicios.

6) Realice acciones de prensa. Por ejemplo, contáctese con los medios especializados en logística, economía y empresas para dar a conocer su nuevo emprendimiento, mediante una gestión de prensa y relaciones públicas que les permita elevar la visibilidad de la empresa. Encontrarán información detallada en el libro 3 de esta colección, "CÓMO HACER PRENSA". También puede visitar el sitio www.universo360pr.com.ar con centenares de artículos de apoyo; y www.ieco.clarin.com buscando artículos sobre marketing y publicidad

7) Segmente su oferta: quizás sea conveniente en esta primera etapa, hacer una campaña de acercamiento segmentada a pequeñas, medianas y grandes empresas; y, a la vez, divididas por rubros. Esto les permitirá poner al frente de la atención de clientes a una persona por cada sector (debidamente entrenada a tal fin) y, a la vez, ofrecer ciertos diferenciales entre uno y otro. Esto dará valor a su emprendimiento: expertos por nichos = necesidades específicas satisfechas para esos nichos. Es decir, no un producto "genérico", sino adecuado a las necesidades de cada uno.

8) Consulte con su abogado y contador. Formalice todos los aspectos legales y societarios desde el inicio. Es fundamental que los clientes sepan de su constitución societaria, sus formalidades de contratación, sus seguros, sus garantías... es decir, todo aquello que aporte solidez y solvencia a su nueva empresa. Esto es particularmente importante si un cliente quiere considerar la posibilidad de cambiar de proveedor en este servicio, y si va a tomar esta decisión, necesita tener información confiable al respecto que lo ayude a tomar la decisión.

Entonces…

¿Qué tal si incluyen en su carpeta de presentación un apartado que diga algo así como "10 razones para elegirnos"?

9) Diferencie y divida los roles: entre los socios, organizar un buen organigrama operativo, para saber de qué forma opera la nueva empresa. Esto les traerá mucha claridad a la hora de tomar decisiones, saber quién es el responsable de cada área, etc.

10) Establezca metas posibles de lograr: un paso tras otro, para alcanzar el gran resultado.

La gente no le tiene miedo al cambio, sino a la incertidumbre que genera el cambio.

Alvin Toffler
Escritor y futurista estadounidense.

PLAN DE ACCIÓN

Ideas y próximos pasos:

161. Haga un análisis de quiénes compiten en su mismo segmento

162. Evalúe cómo comunican sus competidores

163. Analice los websites de sus competidores

164. Determine los diferenciales de su emprendimiento frente a la competencia

165. Elabore una gran base de datos de contactos actuales y potenciales

166. Allane el camino contactando directamente a quien decide la contratación de sus servicios

167. Indague posibles clientes entre sus conocidos y colegas

168. Actualice su información en un soporte que les permita mantenerlo administrado día a día

169. Navegue por los websites de cada "prospect"

170. Consiga todas las guías industriales y de PYMES existentes en el mercado

171. Diseñe un website propio que se destaque de la competencia

172. Deje en claro en su website "por qué tienen que elegirlos"

173. Prepare una carpeta de presentación de excelente calidad e impresión

174. Incluya en su carpeta de presentación un apartado con "10 razones para elegirnos"

175. Recuerde destacar sus antecedentes profesionales ante los prospects

176. Cree jornadas informativas donde inviten a los decisores de compra

177. Eleve la visibilidad de su emprendimiento mediante unagestión de prensa y relaciones públicas

178. Utilice la segmentación de la oferta para llegar a pequeñas, medianas y grandes empresas

179. Informe a sus clientes su constitución societaria, sus formalidades de contratación, sus seguros y sus garantías

180. Divida los roles entre los socios; revean el éxito de la gestión cada tres meses y encaren los ajustes necesarios.

Cómo expandir una pequeña fábrica

Un caso de venta de ropa de cuero para turistas

DESAFÍO

Junto a una socia, la emprendedora tiene una pequeña fábrica de ropa de cuero, con detalles originales. Están vendiendo bien a revendedores y locales pero buscan ser conocidos por los turistas que se alojan en los hoteles de la ciudad. ¿Cómo pueden lograrlo?

RESPUESTA

El desafío de llegar a los turistas que visitan la ciudad es compartido por múltiples sectores. Desde la comunicación, hay algunas herramientas no invasivas, de relacionamiento específico, que puede considerar:

1) Invierta en publicidad. Un porcentaje de su presupuesto anual global deberá ser destinado a acciones de publicidad. Algunas guías específicas dedicadas a turistas pueden ser el vehículo apropiado. Dependiendo de la zona donde tengan su local para ventas, hay guías barriales donde podrá aparecer. También en los hoteles se colocan exhibidores de folletería de distinto tipo, que los turistas suelen retirar y consultar para diagramar sus compras.

2) Contáctese con los medios que tienen circulación en aeropuertos y líneas aéreas: casi todas las aerolíneas con vuelos desde el exterior hacia nuestro país tienen sus revistas de a bordo, y también distintos canales audiovisuales con noticias y otros programas. Usualmente, si usted publica una pauta publicitaria en estos medios, puede acordar también que, en determinadas secciones o ante necesidades de contenido periodístico, consideren a su empresa en dichos artículos de prensa. Esto requiere inversión, aunque, por otro lado, tendrá el beneficio de aparecer con noticias dentro de esos medios.

3) Tenga presencia donde están los turistas. Puede apuntar a esto específicamente, para diseñar una estrategia cruzada con locales de espectáculos que usualmente van a ver los turistas (por ejemplo, tanguerías). También es recomendable negociar con selectos restaurantes la posibilidad de que obsequien vouchers de descuento importante (por ejemplo un 20% sobre el precio total de la compra). Obviamente, usted tendrá que realizar un desembolso económico para estos acuerdos, o establecer una "moneda de cambio" entre las distintas partes, para que ambos se vean beneficiados.

4) Cree una buena página web en varios idiomas. ¿Es lo suficientemente atractiva en cuanto a diseño, recursos y contenido? Conviene una revisión completa de esta herramienta, colocando la información en múltiples idiomas; sumando contenidos de interés para los turistas (no solamente un muestrario de productos); y también elaborar un Newsletter bimestral en varios idiomas para ser enviado a quienes se suscriban desde Internet. Luego, podrá contratar los servicios de expertos en e-marketing para optimizar su posicionamiento en buscadores, logrando aumentar sensiblemente el flujo de visitas al sitio. Google y Yahoo, por ejemplo, ofrecen planes promocionales para avisos promocionados destacados en determinados rubros, a valores accesibles.

5) Contrate personal bilingüe. Esto es fundamental para el desarrollo del negocio que está buscando.

6) Participe en ferias de turismo y hospitalidad. Estar presentes con un stand, o, simplemente, visitar estas ferias, puede brindarle importantes contactos y recursos, y despertar la creatividad para potenciar el contacto con el público objetivo que quiere conquistar.

7) Sea constante. Ésta es la gran clave. Se requiere de persistencia a lo largo del tiempo, aplicar los recursos económicos necesarios y evaluar los resultados cada seis meses.

8) Divida los roles con su socia. El día a día a veces puede superarla; por eso es indispensable determinar roles diferenciados con su socia. También podrán contratar un consultor especializado en marketing, para trabajar en distintos aspectos para su empresa, ya que suele suceder que los titulares de un emprendimiento comienzan con mucho entusiasmo esté tipo de acciones, y luego, el día a día los hace perderse en la cotidianeidad de los asuntos urgentes e importantes, dejando de lado los pasos ya dados en pos del objetivo que buscan.

PLAN DE ACCIÓN

Ideas y próximos pasos

181. Priorice el uso de herramientas de comunicación no invasivas

182. Destine un porcentaje de su presupuesto anual a acciones de publicidad

183. Procure tener presencia en las guías específicas dedicadas a turistas

184. No descarte la presencia en las guías barriales de los alrededores de su local

185. Negocie colocar exhibidores de folletería en hoteles

186. Gestione pautas publicitarias en revistas de líneas aéreas

187. Disponga material periodístico de su proyecto para incluir en revistas de líneas aéreas

188. Implemente estrategias cruzadas con locales de espectáculos donde concurran los turistas

189. Negocie con selectos restaurantes que obsequien vouchers de descuento de sus productos

190. Establezca una "moneda de cambio" entre las distintas partes

191. Asegúrese de que su web esté en varios idiomas

192. Incluya contenidos de interés para los turistas en su websites

193. Elabore un Newsletter bimestral en varios idiomas

194.. Acuda a un expertos en e-marketing para optimizar su posicionamiento en buscadores

195. Evalúe los planes promocionales de Google y Yahoo

196. Cuente con personal bilingüe en su local

197. Participe de las ferias internacionales de turismo

198. Aproveche las ferias y evento del sector para despertar la creatividad

199. Recuerde que estar presentes con un stand realza su visibilidad

200. Aproveche su participación en eventos del sector para hacer de contactos

¿Cual es el secreto del éxito empresarial? Escuchar a los clientes y darles la mejor respuestas a un precio que sea atractivo para ellos y rentable para el negocio. Aunque parezca una cuestión de sentido común, muchos empresarios no escuchan lo que sus clientes quieren y necesitan.

Spencer Johnson
Autor del libro "¿Quién se ha llevado mi queso".

Cómo conseguir sponsors

Un caso de venta
de servicios recreativos
en las playas

DESAFÍO

El emprendedor tiene una empresa de servicios de desarrollos recreativos y eventos y lleva tres años trabajando en la temporada de verano en las playas. Esta actividad es contratada por balnearios y apart hoteles. El verano pasado tuvo un sponsor deportivo, mediante un convenio de canje. Ahora, necesita lograr que los sponsors costeen la actividad, ya que él consigue los espacios para explotarlos y realizar acciones. Pero, para esto, se plantea la duda: ¿cómo conseguir prensa, para garantizarle exposición mediática al sponsor, además de la presencia de marca ante las personas que asisten al lugar?

RESPUESTA

I) Transforme su proyecto en noticias. Independientemente de la trayectoria, atractivos y calidad del producto recreativo que comercializa su empresa, es indispensable que cada una de estas actividades tengan el suficiente gancho para transformarlas en noticia. ¿Cómo hacerlo? Los medios se basan en noticias de interés e impacto. Esto significa que, aplicando toda la creatividad y recursos posibles, es necesario generar novedades que involucren y llamen la atención del público. Luego, establecer un cronograma de relaciones con la prensa no sólo por el verano, sino durante todo el año. Los vínculos más sólido y efectivos son aquellos que se sostienen en el tiempo; por lo cual, -y a modo de ejemplo- además de darles primicias, noticias, coberturas especiales, espacios para locaciones para producciones fotográficas, los medios aprecian este contacto frecuente, y no sólo cuando una empresa -en este caso la tuya- los necesita. Encontrará todas las claves de las relaciones con la prensa en el libro 3 de esta colección, "CÓMO HACER PRENSA".

A modo de anticipo, aquí van algunas sugerencias para vincularse eficazmente con los medios:

a) Diseñe el cronograma de actividades previstas buscando los aspectos diferenciales, distintivos y con carácter de noticia de las principales acciones a realizar.

b) Establezca un lenguaje de comunicación periodística con los medios. Aquí es importante recordar que "algo" es noticia cuando marca una cualidad distintiva, que involucra a un gran número de personas (o a un nicho en particular) y que responde a las preguntas básicas en el articulado de "noticias": el qué - quién - cómo - cuándo - dónde y por qué. No confundir con lenguaje publicitario. El periodismo necesita contenidos que sean interesantes y que permita descubrir el otro costado y ángulo de las cosas.

c) Arme una completa agenda de contactos de medios de prensa: locales, regionales, nacionales e internacionales; seguramente a lo largo de estos años han conocido algunos medios locales y nacionales. Esa base de datos debe ser administrada, chequeada, actualizada y puesta a punto rápidamente.

d) Tenga en cuenta que los medios son cada vez más reticentes a la mención de marcas y productos, excepto que el evento o actividad sea realmente de gran impacto. O bien, que exista una relación entre dicha marca con determinados medios (por ejemplo, por acciones publicitarias que puedan realizar), lo cual no garantiza la publicación, pero es una puerta de acceso diferente para acercarles información sobre las actividades.

e) Destine un porcentaje de su presupuesto global para las acciones de prensa y relaciones públicas. Y otro porcentaje a publicidad paga para garantizar espacios en medios.

f) Disponga de una cámara digital y de video en alta definición para tomar fotografías profesionales y filmaciones de alta calidad ante eventos de impacto: esto le permitirá circular dichas fotos a su base de contactos, como forma de mantener el contacto permanente con ellos.

g) Garantice coberturas a sus sponsors. Las marcas saben que, para lograr coberturas en los medios, deben invertir y generar acciones que realmente sean llamativas y atractivas; es decir, que antes, durante o después, se conviertan en noticia. Y también que es necesario retribuir de alguna forma estas atenciones por parte de los medios; por ejemplo, enviándoles un agradecimiento especial, o invitándolos a actividades sociales -por fuera de la actividad periodística- como forma de sostener ese acercamiento.

h) Disponga de un espacio para la prensa. Habilite un sector especial en los paradores de la playa para destinarlo a acciones de relaciones públicas con periodistas. Esto no necesariamente hará que publiquen o reflejen sus noticias; sin embargo, lo tomarán como punto de referencia para otras instancias en esta temporada, o las siguientes. Una vez más, es importante reforzar los vínculos.

i) Trabaje en redes. Su desafío es establecer hoy, una red que pueda rendir sus frutos, tal vez no esta temporada, pero pensando en las que vendrán. Los resultados no se producen mágicamente... excepto que ustedes generen una acción de tan alto impacto (como sería, a modo de ejemplo, un partido de fútbol playa que reúna a astros del fútbol), lo cuál atraerá la atención de la prensa por las características del mismo.

j) Comunique de todas formas. Si no tiene grandes estrellas del deporte, hay muchas otras oportunidades y medios para aparecer en agendas, guías, opiniones, fotos panorámicas de paradores como fondo de sus actividades, etc.; recursos que podrá ir aplicando progresivamente para lograr el resultado que necesitan.

He fallado una y otra vez en mi vida. Por eso he conseguido el éxito.

Michael Jordán
Deportista estadounidense.

PLAN DE ACCIÓN

Ideas y próximos pasos:

201. Procure que sus actividades tengan suficiente gancho para transformarlas en noticia

202. Genere novedades que involucren y llamen la atención del público

203. Establezca un cronograma de relaciones con la prensa

204. Dé a los periodistas primicias, noticias y coberturas especiales

205. Ponga a disposición de la prensa locaciones para producciones fotográficas

206. No limite sus acciones de prensa sólo al verano

207. Recuerde que los vínculos más sólidos y efectivos son aquellos que se sostienen en el tiempo

208. Diseñe el cronograma de actividades previstas buscando los aspectos diferenciales

209. N0 confunda el lenguaje de comunicación periodística con el lenguaje publicitario

210. Trate de descubrir y mostrar el otro costado de su proyecto, más allá de lo evidente

211. Arme una completa lista de contactos de medios de prensa locales, regionales, nacionales e internacionales

212. Confirme y actualice su base de contactos permanentemente chequeada, actualizada y puesta a punto rápidamente

213. Destine un porcentaje de su presupuesto global para las acciones de prensa y relaciones públicas

214. Disponga de una cámara digital para tomar fotografías profesionales de alta calidad ante eventos de impacto

215. Habilite un sector especial en los paradores para acciones de relaciones públicas con periodistas

216. Aproveche las acciones publicitarias como una puerta de acceso diferente para acercarles información sobre las actividades

217. Piense en acciones llamativas y atractivas que antes, durante o después, se conviertan en noticia

218. Recuerde que es necesario retribuir de alguna forma las atenciones por parte de los medios

219. Invite a periodistas a actividades sociales

220. Establezca una red de contactos que pueda rendir sus frutos a futuro.

Cómo desarrollar la estrategia comercial

Un caso de tejeduría familiar

DESAFÍO

Este es el caso de un emprendimiento familiar de tejido de prendas en hilo y lana, que no logra satisfacer la demanda creciente de pedidos. Además, necesitan más dedicación a la parte comercial y a la búsqueda de clientes. Tratándose de un matrimonio, se propone a la mujer, quien es la tejedora, que tome más participación en la parte de comercialización.

RESPUESTA

Esta vez la propuesta es plantear algunas preguntas estratégicas como una forma de ayudarlos a reflexionar sobre el proyecto.

1) ¿Su esposa está de acuerdo en el cambio de rol? Porque ello será determinante para el éxito de su gestión. Por lo que usted comenta, ella está enfocada en la producción de productos, en algo que -seguramente- forma parte de sus dones y habilidades.

2) ¿Cómo van a afrontar la nueva realidad? ¿Hay entre ustedes una división de roles? ¿Tienen un organigrama operativo, donde estén incluidas todas las personas que, directa o indirectamente, trabajan en el proyecto -incluyendo los tercerizados? ¿Quién va a supervisar y encargarse de la producción?

3) ¿Cuál es su mercado potencial? ¿Han realizado un sondeo o estudio de mercado? ¿Tienen sus agendas de prospects (potenciales compradores) actualizadas? ¿Hay una planificación de la proyección de su negocio pára los próximos cinco años? ¿Esta planificación, está en concordancia con su plan de negocios? En estos temas, pueden asistirlos los profesionales del área del marketing y finanzas, como forma de darle el marco apropiado para dar pasos firmes en pos de su objetivo de crecimiento.

4) ¿Cuál será la estrategia de comunicación para dar a conocer sus nuevos productos? ¿Disponen de un porcentaje de sus ingresos destinados a publicidad, promoción y relaciones públicas? ¿Cuentan con material como folletos, anuncios, cartelería, etiquetas, packaging, etc., de alta calidad e impacto? ¿Tienen una página web de alta calidad y diseño profesional, permanentemente actualizada?

5) En cuanto a producto: ¿Hacia dónde va el mercado? ¿Qué demanda el cliente? ¿Cuáles son los aspectos distintivos de su propuesta? ¿Hay algo nuevo que les permita diferenciarse sustancialmente de lo que ya existe en su rubro?

6) Distribución: ¿Llegan siempre a tiempo con la entrega de pedidos? Si no es así, ¿cómo se puede mejorar el servicio al cliente? ¿Quién es el encargado de esta actividad? ¿Cuál es el procedimiento de control de calidad?

Dando respuesta a estos interrogantes, podrán establecer el programa de próximos pasos para esta transformación de su proyecto en una empresa; y, con toda seguridad, van a obtener el éxito que buscan.

PLAN DE ACCIÓN

Ideas y próximos pasos:

221. Haga una buena división de roles

222. Trate de que cada trabajador realice acciones de acuerdo a sus dones y habilidades

223. Incluya en el organigrama a trabajadores tercerizados

224. Calcule su mercado potencial para definir su estrategia

225. Mantenga una agenda de prospects (potenciales clientes) actualizada

226. Aplique una estrategia de comunicación para dar a conocer sus productos

227. Asegúrese de ofrecer lo que demanda el cliente

228. Haga una proyección de su negocio a cinco años

229. Adecúe la planificación de su negocio en base a la proyección de crecimiento

230. Disponga de material de promoción de impacto

231. Calcule una parte de sus ingresos para publicidad y promoción

232. Diseñe una página web de alta calidad

233. Procure que su sitio web tenga un diseño profesional

234. No olvide mantener actualizada su página web

235. Evalúe "hacia donde va el mercado"

236. Analice cuáles son los aspectos distintivos de su propuesta

237. Implemente elementos nuevos que le permita diferenciarse de la competencia

238. Llegue siempre a tiempo con los pedidos

239. Practique acciones para mejorar la atención a sus clientes

240. Revea sus procesos de control de calidad

Cuando las estrategias efectivas implican sorpresa o innovación, es posible vencer con frecuencia a competidores más grandes o que cuentan con mayores recursos.

Alian J. Magrath,

Especialista en marketing.

LA PAUSA

CÓMO ABRIRSE A LAS NUEVAS IDEAS

—*Abre tu mano derecha, quiero darte algunas cosas.*

Y le llenó la mano con chucherías.

Luego le dijo:

Quiero darte más cosas, cosas diferentes.

El estudiante, al tomar conciencia que su mano estaba llena y que no podía recibir lo nuevo que le quería dar el maestro, soltó lo que tenía y esperó con su mano vacía para que le entregara lo nuevo.

El maestro le dijo:

Obsérvate: deseaste tener lo nuevo sin verlo. Y para eso, estuviste dispuesto a soltar el pasado, lo conocido, para alcanzar un futuro, incierto. La mayoría de las personas, generalmente por miedo y desconfianza, eligen retener lo que tienen por muy deficiente que sea, y no arriesgar cambiar y quedarse por un tiempo sin nada.

Cómo refundar un emprendimiento

El caso de la escuela de fútbol

DESAFÍO

Como profesional independiente dirige una escuela de fútbol hace 14 años, a modo de hobby. A partir de ahora desea dedicarse seriamente a ese negocio. Pronto la escuelita cumple 15 años. La pregunta es: ¿Cómo puede comunicar los 15 años de la escuela de fútbol?; y, por otro lado, ¿debería hacer algún tipo de aclaración con los clientes actuales, porque la escuela ya no es un hobby y será un negocio en serio?

RESPUESTA

Cumplir 15 años con su emprendimiento tiene un gran mérito y valor, aun dentro del ámbito amateur en el que se ha desempeñado hasta el presente. Desde el punto de vista de la comunicación, es una excelente oportunidad para dar un giro en su proyecto, profesionalizándolo y transformándolo en un negocio.

Aquí van algunas ideas:

1) Diseñe una campaña de difusión del aniversario. Anticipándose al aniversario, comenzando en enero, puede armar una campaña de divulgación donde cuente la trayectoria de esos 15 años, logros, cantidad de alumnos que han pasado por la escuela (incluyendo algunos nombres que, de una u otra forma, pudiesen haber trascendido en el mundo del fútbol) y cualquier otro detalle que a usted le parezca apropiado. Esta difusión puede realizarla en medios locales, barriales, regionales y, fundamentalmente, entre la comunidad que, seguramente, se ha ido creando a lo largo de los años.

2)Utilice varias herramientas. Cree una cartelera dentro de la escuela, y colgar esta historia; si no lo está haciendo, también es recomendable que cree un Newsletter y lo envíe cada 45 días a una base de contactos vía e-mail, con informaciones diversas, incluyendo la historia de la escuela, fotos de eventos, equipos, columnas de opinión de algunos profesores, etc.

Recuerde que hay dos grandes claves en este tipo de mensajes: **a.** Destinatarios que quieran recibir su comunicación (es decir, no comprar bases de datos, y respetar los pedidos de ser removidos de la lista rápidamente cuando así lo soliciten), y, fundamental:
b. Darle contenidos de interés; no sola mente mensajes promocionales.

3) Establezca un programa de canjes: puede organizar algunas acciones de co-branding (como por ejemplo, estar presentes como sponsors en ciertos eventos haciendo intercambios de difusión) y realizar canjes por becas u otras acciones, con emisoras de radio y TV de su zona, logrando de esta forma elevar la visibilidad del proyecto en su nueva etapa.

4) Cree un logotipo o identidad visual específica del 15e Aniversario; aplicarla en el lugar donde desempeña sus actividades; remeras, camisetas, banners en eventos, papelería, etcétera.

5) Defina un slogan o concepto del aniversario, donde dé a entender este paso de actividad amateur a actividad profesional rentada. Se trata de una frase sencilla y directa que resuma éste cambio que necesita hacer. Algo así como "15 años juntos. Vamos por más".

6) Incorpore en forma progresiva las actividades rentadas en su anuncios. Comuníquelas de a poco vía el Newsletter, carteleras, volantes, folletería, etc.

7) Organice un concurso de fotografías. Diseñe una acción que integre a toda la familia, más allá del fútbol en sí, aunque ese deporte deberá estar presente en lo que realice. Un concurso de fotografías donde el elemento "pelota de fútbol" tenga que estar presente, puede ser una buena herramienta. Luego, elegirá un jurado de notables, incluido usted, y determinará un primer, segundo y tercer premio. Las fotografías se expondrán en la sede de la escuela durante un mes. Habrá un acto de entrega de premios y de inauguración de la exposición.

8) Arme un cronograma de actividades especiales: con motivo del 15º Aniversario. Puede organizar charlas, conferencias, invitados especiales, clínicas sobre fútbol o distintos aspectos relacionados. La idea es acercar a la gente a la escuela, y, a la vez, en ese contacto uno a uno, poder entregarles una folletería específica de la trayectoria, donde ya se incluya el paso de actividad amateur a negocio que está preparando.

9) Organice una gran cena aniversario. Con el impacto de un festival solidario a beneficio de alguna institución que realmente lo necesite. De esta forma, integrará a su escuela con la comunidad y podrá, a la vez, vender cubiertos para una cena aniversario por los 15 años de su emprendimiento.

10) Celebre todo el año. Es importante que tenga en cuenta que el programa de celebración debe abarcar todo el año, no solamente un mes en particular. Esto le permitirá sostener la comunicación en el tiempo, e ir haciendo la transición necesaria en el nuevo modelo de negocio que desea llevar adelante.

Tanto si piensas que puedes, corno que no puedes, estás en lo cierto.

Henry Ford
Fundador de Ford.

PLAN DE ACCIÓN

Ideas y próximos pasos:

241. Recuerde que una fecha aniversario es una excelente oportunidad comunicacional

242. Organice una campaña de difusión previa

243. Divulgue sus logros en el tiempo transcurrido

244. Comunique todos los datos que considere apropiado

245. Encare la difusión en medios locales, barriales y regionales

246. Cree un Newsletter de envío cada 45 días

247. Incluya la historia de la escuela en su Newsletter

248. Envíe su Newsletter a destinatarios que realmente quieran recibir su comunicación

249. Retire rápidamente de la base a quienes soliciten ser removidos de la lista

250. Ofrezca contenidos de interés, no solamente mensajes promocionales

251. Comunique fundamentalmente entre la comunidad creada a lo largo de los años

252. Ponga una cartelera dentro de la escuela

253. Organice acciones de co-branding

254. Incorpore actividades rentadas en su cartelera en forma progresiva

255. Realice canjes por becas ú otras acciones con radios y TV de su zona

256. Cree un logotipo específico del aniversario

257. Aplique el logotipo en remeras, camisetas, banners en eventos, papelería, etc.

258. Defina un slogan o concepto del aniversario

259. Diseñe un cronograma de actividades especiales con motivo del aniversario

260. Tenga en cuenta que el programa de celebración debe abarcar todo el año y no sólo una fecha.

Toda experiencia que nos obliga a enfrentar el miedo cara a cara, nos hace mas fuertes aumentan nuestro valor y nuestra confianza.

Eleanor Roosevelt
Escritora norteamericana, diplomática
y activista por los derechos humanos.

Cómo dejar el sueldo seguro y animarse a emprender (II)

Un caso de arquitectos abriendo mercado y captando clientes

Luego de haber trabajado casi 10 años en distintas empresa, una arquitecta decidió asociarse con un amigo a fin de fundar un emprendimiento dedicado a Imagen, Diseño y Construcción. Ya tienen su imagen corporativa desarrollada, pero desean conocer más sobre cómo darse a conocer y posicionarse para conseguir clientes.

RESPUESTA

Hay una gran diferencia cuando pasamos de la cultura de formar parte de empresas -independientemente del rango alcanzado- a poner en marcha nuestra propia compañía. Hay cierta sensación de 'vértigo' o 'mariposas en el estómago' -como dicen los chicos- ante lo nuevo, aquello que, por un lado es conocido (por nuestra experiencia y trayectoria), y por otro, desafiante e incierto.

Como dice la frase, "preocuparte es como sentarse en una mecedora. Te entretiene, pero no te lleva a ningún lado". Entonces... ¡acción!

I) Explore a conciencia el desarrollo de toda su imagen corporativa. ¿Realmente los representa? ¿Describe cabalmente el tipo de servicios y el segmento en el que quieren posicionarse? ¿Tiene un lenguaje claro y llano? ¿Hay oportunidades para mejorar?

2) Revisen su Misión y Visión: Usualmente los pasamos por alto; aunque, como seguramente sabrá, funcionan como la brújula que nos marcará el rumbo en épocas de tormenta, y como reaseguro de que estamos en el camino apropiado cuando las cosas marchan bien.

3) Utilice herramientas tecnológicas para tangibilizar sus servicios. Su emprendimiento necesita de un excelente soporte digital e interactivo. Cuánto más pueda hacer visible lo intangible, mejor. Simuladores de proyectos, planos virtuales, decoración, artículos breves sobre materiales innovadores, etapas que se requieren para desarrollar un proyecto en forma profesional, y tantos otros detalles -que usted seguramente conoce-, servirán de base para que la gente los consulte y se interese en evaluar la posibilidad de trabajar con ustedes.

4) Sistematice su red de contactos. Seguramente tiene afianzados muchos vínculos en el segmento de la construcción. Quizás sea un buen punto de partida para establecer contactos personalizados con estas empresas y profesionales, y compartir con ellos su proyecto. Puede generar reuniones, encuentros grupales entre colegas que tengan afinidad, enviar un mailing a un grupo segmentado de gente estratégica (aquella que, de alguna manera, funciona como "formadores de opinión" en su segmento"), por mencionar algunos otros recursos.

5) Lleve siempre consigo su presentación de empresa.
Puede ser un CD Rom, DVD, carpeta, tarjetas personales y todos los elementos que contribuyan a la difusión de su empresa: nunca se sabe dónde se encuentra una oportunidad de negocios.

6) Escriba artículos que los posicionen a la vanguardia en arquitectura. Puede detectar los periodistas y medios afines a su actividad (ya sea de nicho, dirigidos a su industria, o masivos) y ofrecerles columnas de opinión y contenidos, con su firma y página web. Muchos de ellos estarán encantados de recibir su cooperación profesional. Recuerde que todo lo que escriba y diga, forma parte de la primera imagen que usted está proyectando. La clave: perseverar, ya que los medios no siempre responderán rápidamente, o como usted desea. Sin embargo, estar presente con ellos es una de las estrategias para conseguir aparecer en los medios y transformarse en uno de los referentes. La clave: lograr que esté en la agenda de periodistas y productores de programas, para que la consulten sobre temas afines a su actividad.

7) Utilice siempre imágenes profesionales. Fotos suyas, y de su equipo; de sus obras, planos y trabajos en marcha. Contrate a un excelente fotógrafo profesional, para tomar algunas imágenes con espíritu "corporativo". Si la asaltó el pensamiento: "¿Fotos corporativas cuando recién empiezo?", no se asuste, ya que nadie tiene por qué saber que usted recién está emprendiendo este proyecto. La idea es crear una imagen sólida desde el primer momento. Clave: sin mentir, para crear la realidad y el resultado que queremos, muchas veces funciona "hacer como si" ya lo hubiésemos logrado. Conéctese con estas emociones y sensaciones. Viva como si ya es realidad lo que quiere conseguir. No se trata de vivir soñando... sino de vivir cocreando la realidad que queremos.

8) Consulte las Guías industriales. Constituyen una excelente fuente de contactos y base de datos general para llegar a posibles clientes. Podrá indagar en estas guías; segmentarlas por rubros; volcarlas a otro soporte para poder administrar bases de datos, y relevar los nombres y apellidos de las personas clave a contactar. Como verá, el trabajo de construcción de imagen y establecimiento de redes no es algo que fructifique de un día para otro: puede llevar entre seis meses y cinco años.

Comenzar tu obra es haber hecho la mitad. Comienza de nuevo y la obra quedará terminada

Thomas Alva Edison

Genial inventor estadounidense, creador de de la lamparita eléctrica. Patentó más de mil inventos: uno cada quince días.

PLAN DE ACCIÓN

Ideas y próximos pasos:

261. Explore a conciencia el desarrollo de toda su imagen corporativa

262. Diseñe una imagen corporativa que realmente los represente

263. Revise la Misión y Visión de su emprendimiento

264. Dé a conocer la Misión y Visión de su empresa

265. Utilice un lenguaje claro y llano en sus comunicaciones

266. Cuente con un excelente soporte digital e interactivo

267. Recuerde que cuanto más pueda hacer visible lo intangible, mejor

268. Eche mano de simuladores de proyectos, planos virtuales y de decoración

269. Escriba artículos breves sobre materiales innovadores, etapas de un proyecto, etc.

270. Establezca contactos personalizados con las empresas

271. Comparta su proyecto con empresas y profesionales

272. Genere reuniones y encuentros grupales entre colegas que tengan afinidad

273. Tenga contacto fluido con aquellas personas consideradas "formadores de opinión" en su segmento

274. Envíe un mailing a un grupo segmentado de gente estratégica

275. Ofrezca columnas dé opinión y contenidos a medios del sector

276. Incluya siempre su firma y página web en los materiales periodísticos

277. Recuerde que todo lo que escriba y diga, forma parte de la imagen que usted proyecta

278. Disponga de fotos profesionales suyas, y de su equipo de trabajo

279. Recurra a guías industriales para llegar a posibles clientes

280. Vuelque los datos que disponga a un soporte que permita administrar la base.

Hay una fuerza motriz más poderosa que el valor, la energía atómica: la voluntad.

Albert Einstein
el científico más reconocido del Siglo XX,
Premio Nobel de Física.

LA PAUSA

COMO DESAFIAR NUESTRAS CREENCIAS

Un hombre encontró un huevo de águila. Lo llevó y colocó en el nido de una gallina de corral. El águila fue incubado y creció junto a los pollos.

Durante toda su vida, el águila hizo lo mismo que hacían los pollos, pensando que era un pollo. Al igual que ellos, escarbaba la tierra en busca de gusanos e insectos, piando y cacareando. Incluso sacudía sus alas y volaba apenas unos pocos metros sobre la tierra, tal como vuelan los pollos.

Pasaron los años y el águila envejeció. Un día divisó en el cielo una magnífica ave que flotaba, elegante y majestuosa por entre las corrientes de aire, moviendo apenas sus poderosas alas doradas.

El águila miraba asombrado hacia arriba:

— ¿Qué es eso? -preguntó a una gallina.

— Es el águila, el rey de las aves -respondió la gallina- Pero no pienses en ello; tú y yo somos diferentes de ella.

Así fue como el águila no volvió a pensar en ello, y murió creyendo que era una gallina de corral.

Cómo diferenciarse de la competencia

El caso de una pizzería especializada

DESAFÍO

Faltan pocas semanas para inaugurar una casa de pizzas y empanadas, basada especialmente en el delivery. Los fondos de que dispone el emprendedor se están agotando en el alquiler, remodelación del local, permisos, equipamiento, seguros y personal. Sin embargo, sabe que es importante comunicar su negocio para tener éxito. ¿Cuáles son las mejores formas de llegar al cliente?

RESPUESTA

Aquí van algunas sugerencias, y también, muchas ideas para autoresponderse, con el fin de delinear su proyecto hacia el mayor de los éxitos:

1) Busque un nombre atractivo y de alto impacto. En un lanzamiento de sus características, hay un aspecto fundamental a considerar: la marca. ¿Cuál es el nombre de su emprendimiento? Técnicamente se denomina 'naming' ¿Es un nombre que logrará empatía rápidamente con los consumidores? ¿Es fácil de recordar? ¿Representa los atributos del producto que usted quiere vender?

2) Establezca claramente el radio de distribución del delivery. ¿Cuántos barrios, cuadras a la redonda, etc.? Y, por supuesto: ¿Cómo es su estructura logística para llegar en tiempo, forma y calidad, con sus productos?

3) Contrate y entrene a su personal. La atención telefónica ágil, profesional, precisa, es fundamental para su proyecto. Es recomendable tener un número de fácil recordación como línea cabecera, y podrá contratar unas cuatro o cinco líneas entrantes exclusivamente, para que cuando lo llamen, acceder a su negocio no dé siempre ocupado.

4) Busque la excelencia en cuanto a la calidad del producto. Además de los ingredientes y el proceso de fabricación, es fundamental en su rubro que el usuario perciba las cualidades de higiene, salubridad, materia prima de excelencia, servicio rápido y eficaz (atención: no es igual que eficiente), y demás aspectos que contribuirán a un mejor posicionamiento en el segmento al que se dirige.

5) Analice su competencia: ¿Cuáles son sus competidores directos e indirectos? ¿Cuántas casas venden pizzas y empanadas en el sector geográfico donde usted se instalará? ¿Cuántas cadenas conocidas hay en su zona? ¿Dónde compran esos productos los vecinos del barrio: lo hacen en una casa específica, o hay un bar que se distingue por su calidad en este rubro y marca "tradición" al respecto?

Una vez respondido todo lo anterior, podemos comenzar a hablar de comunicación. Aquí adjuntamos un "paso a paso", que, estimo, puede ser de su interés:

a) Tenga en cuenta el proceso de atención al cliente:

- Cuidada atención telefónica
- Imanes identifícatenos para enviar con cada pedido
- Enviar la lista de precios impresa actualizada
- Enviar un impreso con figuras distintivas del distinto tipo de gustos de empanadas
- Diseño gráfico de alta calidad, profesional y atractivo
- Crear un slogan (frase de impacto) que defina el espíritu de su negocio
- Asesoramiento al cliente respecto a ingredientes, calidad del producto, normas de salubridad, etc.
- Puede crear algún producto especial, por ejemplo, para hipertensos: empanadas bajas en sodio o con masas integrales. Esto le dará un perfil diferencial a su negocio, aunque este producto no sea el foco principal de su venta
- Uniformes del personal
- Aplicación de su logotipo de marca en todos los elementos, packaging, folletería, afiches, uniformes y locales.

b) Relaciónese con los medios periodísticos de la zona:

- Detectar cuáles son los medios barriales de mayor llegada
- Establecer un contacto con ellos
- Puede evaluar pautar publicidad, o hacer un canje por productos
- Folletos insertos en los diarios del domingo: en acuerdo con los kiosqueros estratégicos de la zona
- Obsequiar empanadas y pizzas a los principales conductores de las emisoras que están establecidas en la zona.

c) Haga un plan de acciones de relaciones públicas:

• Durante las primeras cuatro semanas, establecer un día con productos bonificados (por ejemplo, por cada docena, le obsequiamos media docena más los lunes y martes).

• Ante partidos de fútbol, consultar a qué equipo pertenece quien le ordena un pedido, y enviarle un obsequio especial o packaging alusivo sobre dicho equipo: esto generará fuerte impacto y sentido de pertenencia

• Recuerde que necesita incluir en una completa base de datos, estos detalles, fechas de cumpleaños, nacimientos, celebraciones especiales de sus clientes, además de los datos personales completos, como una forma de lograr una mayor identificación entre su marca y los clientes, privilegiando el trato personalizado

• Degustaciones de producto: por ejemplo, puede invitar en determinadas fechas, a degustar las nuevas variedades de pizzas, a sus principales clientes (pequeños eventos en su local con una mínima inversión).

Finalmente, recuerde que la mejor forma de comunicar al cliente es a través de la calidad de su producto y servicio. Esto es fundamental en un emprendimiento de sus características.

PLAN DE ACCIÓN

Ideas y próximos pasos:

281. Use un nombre que logre rápida empatia con los consumidores

282. Piense una marca que represente los atributos del producto que usted quiere vender

283. Entrene a su personal para una atención telefónica ágil y profesional

284. Tenga un número de fácil recordación

285. Cuide que cuando lo llamen, su negocio no dé tono de "ocupado"

286. Envíe imanes identificatorios con cada pedido

287. Disponga de una lista de precios impresa actualizada

288. Utilice un diseño gráfico de alta calidad, profesional y atractivo en sus materiales

289. Cree una frase de impacto que defina el espíritu de su negocio

290. Brinde asesoramiento al cliente respecto a cuestiones básicas de su negocio

291. Desarrolle un producto especial para lograr un perfil diferencial

292. Cuide la homogeneidad del uniforme del personal

293. Detecte cuáles son los medios barriales de mayor llegada

294. Mantenga contacto fluido con los medios barriales

295. Evalúe pautar publicidad o hacer un canje por productos

296. Recurra a folletos insertos en los diarios del domingo

297. Obsequie sus productos a los principales conductores de las radios de la zona

298. Establezca un día con productos bonificados

299. Obsequie productos en las fechas de cumpleaños de sus clientes para fidelizarlos

300. Ofrezca degustaciones de sus productos.

En comunicación, lo menos es más. La mejor 'manera de conquistar la mente del cliente o de posibles clientes es con un mensaje súper sencillo. Hay que desechar las ambigüedades, simplificar el mensaje... y luego simplificarlo aun más si de desea causar una impresión duradera.

Al Ríes y JackTrout

Especialistas en relaciones públicas y comunicación.

Cómo dedicarse a su oficio y generar ingresos

Un caso de posicionamiento de una nueva marca de zapatos

DESAFÍO

Una diseñadora de zapatos para mujeres descubrió este oficio hace tres años. Le apasionó, y hoy está dejando su trabajo y su carrera para dedicarse 100% a este hobby. Ya tiene marca, logo, página web y varias clientas fanáticas. Hasta ahora se manejó con cantidades limitadas, pero quiere que su marca crezca un poco más. No le interesa masificarse, sino crecer ofreciendo un producto de excelente calidad, con diseño, zapatos exclusivos que no se encuentren en cualquier lugar. Quiere hacer prensa y relaciones públicas para obtener publicidad gratis, aunque expresa que no tiene el presupuesto acorde, ya que estima que las empresas profesionales deben cobrar mucho. También quiere vincularse con famosos y celebridades. ¿Por dónde empezar?

RESPUESTA

Como dice la frase célebre, "Si quieres triunfar al ciento por ciento, dedícate a ello al ciento por ciento".

Hay que hacer una distinción entre "publicidad" y "relaciones públicas" (y, dentro de ellas, la disciplina específica de relaciones con la prensa):

"Publicidad" es toda acción de pauta paga en medios, para publicar un anuncio- generalmente elaborado por agencias de publicidad- , basado en la creatividad , repetición y frecuencia de exposición, partiendo de una estrategia apropiada para llegar al publico que usted desea y una planificación de medios cuidadoso y exhaustiva , realizada por profesionales, agencias de publicidad-, basado en la creatividad, repetición y frecuencia de exposición, partiendo de una estrategia apropiada para llegar al público que usted desea, y una planificación de medios cuidadosa y exhaustiva, realizada por profesionales.

"Relaciones públicas" es toda acción de relacionamiento que genera resultados mediante una serie de tácticas y estrategias, tendientes a elevar la visibilidad de una marca, producto o servicio; a establecer redes y contactos estratégicos; y a realizar alianzas y acuerdos de co-branding entre marcas, productos, servicios y personas (por citar sólo unas pocas aplicaciones de las relaciones públicas). Dentro de las relaciones públicas, se encuentran las relaciones con la prensa, cuya clave fundamental está sustentada en generar contenidos segmentados, convirtiendo en noticia los temas a comunicar.

Ahora bien: sí es posible encaminar su posicionamiento, aplicando principios de las relaciones con la prensa como una parte -sólo una parte- de su estrategia.

Para entender COMO HACER PRENSA-tema al que nos dedicaremos en el libro 3 es importante preguntarse ¿Cuándo algo es noticia? Cuando responde el qué, quién, cómo, cuándo, dónde y por qué. Y cuando ofrece una ventaja diferencial y notable para un público reducido, o gran cantidad de gente.

La pregunta del millón es: ¿por qué un medio de prensa se tendría que interesar en sus zapatos? Tal vez por el diseño; por la novedad; por el espíritu de su emprendedora; por la expansión que va teniendo su negocio; por los materiales que utiliza; por el packaging; por los canales de comercialización; por... ¡y aquí puede seguir la lista, en función de su propia creatividad y los atributos de su producto! Hecha la diferenciación entre "Publicidad" y "Relaciones públicas", abordaremos ahora el punto que usted menciona: relacionamiento con celebridades o famosos. En muchos casos, estas relaciones son llevadas adelante en lo que nosotros denominamos "good-wih"; relaciones de buena voluntad e identificación de un famoso con el producto, que lo llevan a lucirlo espontáneamente, sin que medie compromiso económico entre ambas partes. En otros casos, hay que realizar contratos de uso de imagen, lo cual implica una inversión. Lucir un zapato por parte de un famoso, seguramente, es solamente una parte de su estrategia global de comunicaciones. La primera sugerencia para que la considere es que, de por sí, solamente eso no le traerá el resultado de expansión que busca. La sugerencia es que realice un mix entre inversión publicitaria (publicidad paga) y relaciones públicas (prensa, pequeños eventos, relaciones con famosos que sean conocidos suyos o amigos de sus amigos...). Aquí es fundamental que se anime a explorar la red de contactos (directa o indirecta) con la que usted cuenta. El tiempo para llevar adelante un posicionamiento de producto con recursos limitados en cuanto a la inversión, es de aproximadamente 3 a 5 años, con continuidad (no algo puntual). En comunicación, el "toco y me voy" no siempre es efectivo, y menos en este tipo de productos.

Usted menciona que dispone de un presupuesto acotado, y que estima que contratar profesionales estaría fuera de su alcance. Es importante que sepa qué hay detrás de la conformación de los presupuestos: horas hombre, trayectoria, experiencia profesional, estructura, equipos de trabajo asignados a usted como cliente. En definitiva: así como sus zapatos son hechos por una cadena de producción en la que están involucradas varias personas, una gestión profesional (repetimos, profesional; no en manos de improvisados o personas con buena voluntad pero poca efectividad en los resultados), implica la sumatoria de la experiencia de varios profesionales. Y eso tiene un valor.

Algunas claves que pueden ayudarla:

1) Realice su plan de negocios. ¿Lo tiene por escrito?

2) ¿Tiene un ítem de comunicación en dicho plan de negocios? De no ser así, la sugerencia es que lo incorpore; por lo general, debe partir de un 10% de su facturación mensual, destinado directamente a ser reinvertido con continuidad en estos temas.

3) Establezca lazos directos con periodistas del segmento moda: consumiendo medios (diarios, revistas, escuchando radio, viendo los créditos de los programas de televisión), podrá saber quién es quién y así, podrá contactarlos, enviándoles una propuesta para que conozcan sus productos. Si les gustan, podrían adoptarlos para sus contenidos y producciones. Acérquese a las productoras de las secciones de moda, asesores de imagen, vestuaristas y demás especialistas.

4) En el caso de acuerdos con figuras, si usted no paga por uso de imagen, generalmente el acuerdo es para darle cierta cantidad de productos para ellos.

5) Trabaje siempre con gente profesional, en cualquiera de las disciplinas de la comunicación.

6) Visite la página oficial del Consejo Profesional de Relaciones Públicas de la República Argentina, donde podrá encontrar, entre otros materiales, un instructivo con sugerencias sobre cómo contratar una consultora (en la Argentina y en cualquier lugar donde usted se encuentre): www. rrpp.org.ar

Me gusta tener mi dinero donde lo pueda ver: colgado en mi armario.

Frase del personaje Carrie Bradshaw

Periodista y fanática de los zapatos, en la serie "Sex & the city".

PLAN DE ACCIÓN

Ideas y próximos pasos:

301. Identifique la diferencia entre "Publicidad" y "Relaciones públicas"

302. Realice un mix entre inversión publicitaria y relaciones públicas

303. Haga un uso adecuado del relacionamiento con celebridades o famosos

304. Evalúe el canje de productos como moneda de cambio

305. Explore su red de contactos

306. Recuerde que en comunicación, el "toco y me voy" no siempre es efectivo

307. Emprenda un posicionamiento de producto constante

308. Realice su plan de negocios

309. Plasme su plan de negocios en papel

310. Incluya un ítem de comunicación en su plan de negocios

311. Reinvierta a partir de un diez por ciento de su facturación mensual en publicidad y comunicación

312. Identifique quién es quién (medios) en la prensa de su sector

313. Identifique a los periodistas del segmento moda

314. Entre en contacto con los periodistas de moda

315. Establezca lazos directos con los periodistas clave

316. Envíe sus productos a periodistas clave para que los conozcan

317. Negocie el uso de sus productos en producciones de revistas

318. Convierta en noticia temas de sus productos

319. Piense razones para que los medios se interesen en sus zapatos

320. Trabaje siempre con profesionales, en materia de comunicación. Los improvisados suelen ser mucho más costosos a la larga.

Cómo combinar lo personal y lo profesional

El caso de una pareja que comparte un mismo local para dos actividades

DESAFÍO

Una profesional tiene un comercio de diseño y confección de cortinas como rubro principal, y también vende acolchados, cobertores, almohadones, cubre sommier, ambientaciones infantiles. Su negocio está en un local que comparte con el estudio de arquitectura de su esposo, por lo que deben equilibrar la convivencia de los dos negocios en un mismo espacio. La pregunta es: ¿cómo se hace para poder instalar una vidriera que venda ambas cosas sin "invadir" ni "tapar" la actividad del otro? ¿Cómo producir materiales gráficos a costos razonables?

RESPUESTA

Esta consulta tiene dos partes: la feliz convivencia de su emprendimiento con el estudio de arquitectura de su esposo; y, por otra, cómo lograr la expansión de su negocio. Si tiene los recursos para hacer una separación formal de los negocios -es decir, que funcionen en locales separados- pueden conversarlo y plantearse esta alternativa. Sin embargo, puede explorar otra visión para lograr el resultado final, y seguir compartiendo el espacio físico. Aquí van algunas ideas:

Respecto a las vidrieras:

1) Integre conceptos. Una buena forma de integrar ambos conceptos puede ser que en su vidriera coloque ambientaciones que, como complemento, puedan tener planos de ambientes diseñados por su esposo; y que en la vidriera 'arquitectónica' pueda incorporar fotografías de ambientes decorados con sus productos, como si fuesen productos "llave en mano" que se complementan, aunque no necesariamente "se mezclan".

2) Divida las vidrieras. Otra opción es separar completamente ambos negocios: esto sería, que cada vidriera tenga su gráfica, colores y tratamiento especial. Incluso podría quedar divertido que, adentro, el local de decoración esté pintado de un color, y el sector de arquitectura tenga otro diseño completamente diferente. Este contraste dará unidad a cada proyecto, y, a la vez, llamará la atención esta "convivencia" en un solo espacio.

3) Conozca los nuevos sistemas de impresión de alta calidad, avalores razonables. Con respecto a las carpetas, folletos, catálogos y otros materiales gráficos para impulsar las ventas: actualmente existen muchas alternativas de impresión para que pueda desarrollar elementos a costos razonables. Las imprentas rápidas (que trabajan con equipamiento láser de calidad profesional) son una buena alternativa,porque le permiten hacer tirajes acotados.

Otra opción es que rediseñe completamente sus materiales, y, en este punto, acá hay algunos caminos para evaluar.

4) Transforme todo en un CD Rom: puede generar una muy buena presentación gráfica en soporte digital, y duplicar los CD's, en vez de realizar folletos en papel. También puede hacer un DVD interactivo,haciendo más real la experiencia.

5) Ponga online un excelente website donde el visitante pueda tener acceso a todo su catálogo de productos y servicios. ¿Qué tal incluir la posibilidad de que cada uno "dibuje" el plano de sus ambientes, y ustedes le sugieran las ambientaciones apropiadas? Un programador y diseñador profesional de webs puede asesorarla adecuadamente.

6) Utilice formatos novedosos en sus folletos y catálogos. Puede aplicar un formato novedoso en el plegado (una opción es visitar sitios de origami -el milenario arte japonés del plegado de papel- para inspirarse), y así, imprimir cantidades razonables para contactar a sus posibles clientes.

7) Trabaje en red con promotores inmobiliarios que están desarrollando edificios, barrios cerrados, etc. Ellos pueden ser un buen motor de impulso de sus ventas. Puede ofrecerles un porcentaje en las ventas que se generen.

8) Organice un evento anual donde muestre distinto tipo de ambientaciones y decoraciones con sus productos. Podrá realizarlo en un lugar público, con acceso libre, y marcar tendencia. La idea es que cada año, la gente espere esa muestra para conocer lo nuevo en materia de decoración y materiales para la casa.

f) Monte show-rooms en edificios nuevos. En acuerdo con los desarrolladores de edificios -y hasta con su propio esposo-, puede proponerles que sea su negocio el que lleve adelante los show-rooms (departamentos modelo) que generalmente montan en la etapa de preventa. Esto le permitirá tomar contacto con los propietarios desde el primer momento del desarrollo del lugar.

g) Relaciónese con la prensa. Con seguridad, en su zona de influencia existe un periódico donde usted podrá escribir, como colaboración, una columna dedicada a diseño y decoración, incluyendo la menciónde su website al final de cada artículo. Esta es otra forma de expandir el conocimiento de su negocio y hacer "branding" (trabajo de marca), generando interés. Específicamente, ésta es una herramienta de las relaciones públicas, aplicando vínculos con la prensa.

h) Realice promociones estacionales con sus productos: actualmente no alcanzan las tradicionales liquidaciones. Los clientes quieren soluciones completas. Entonces usted puede proponerles ambientaciones específicas a precios diferenciales, para el Día del Niño, Navidad y fin de año, Día de la Madre, Día de los enamorados, Día del Amigo. Aplicando su imaginación, puede crear packs de productos adecuados para estas fechas: impulsará sus ventas.

i) Implemente acciones de RSE - Responsabilidad Social Empresaria: si tiene stock de materiales, puede promover una acción solidaria, donde su emprendimiento recoja sábanas, acolchados, frazadas, almohadas, colchones, cortinas, almohadones y cualquier otro producto afín; y a la vez, esas personas accederán a un notable descuento en sus compras (para renovar completamente su hogar). Simultáneamente, su negocio podrá realizar donativos a sectores carenciados. Ayudar es la clave.

PLAN DE ACCIÓN

Ideas y próximos pasos:

321. Integre más de un concepto en la vidriera de su local

322. Pinte el local de manera que contrasten los dos conceptos Haga de su local un lugar de "convivencia" en un solo espacio

323. Utilice las mejores técnicas de impresión para su carpeta corporativa impresa

324. Prepare una carpeta de presentación en soporte digital

325. Haga un excelente website

326. Incluya todo su catálogo de productos y servicios en su página web

327. Incluya la posibilidad de que cada uno haga su propio boceto en su web

328. Haga un folleto de alta calidad

329. Recurra a un formato novedoso en el plegado, al estilo origami

330. Contacte a los promotores inmobiliarios que están desarrollando edificios

331. Ofrezca un porcentaje en las ventas que se generen a promotores inmobiliarios

332. Organice un evento anual donde muestre distintos tipos de ambientaciones

333. Entre en contacto con periodistas clave de su segmento

334. Escriba notas periodísticas sobre el segmento de su negocio

335. Desarrolle una columna de opinión dedicada a diseño y decoración

336. Incluya la mención de su website al final de cada artículo que elabore

337. Realice promociones estacionales

338. Proponga ambientaciones específicas a precios diferenciales para fechas especiales

339. Cree packs de productos adecuados

340. Realice acciones de Responsabilidad Social Empresaria.

*Todo consiste en localizar las tendencias,
y luego transformarse en esas tendencias*

Stephen Covey
Especialista en liderazgo.

Cómo conseguir clientes

Un caso de contadores en apuros

DESAFÍO

Un contador forma parte de un estudio de asesoramiento integral a empresas, desde la parte contable, laboral, impositiva, legal, entre otras. Los negocios van de mal en peor. La consulta es acerca de la forma de captar más clientes, ya sean nuevos emprendedores o empresas con antigüedad.

RESPUESTA

El segmento en el que operan es altamente competitivo, y, actualmente, muchos profesionales del sector están buscando fórmulas y estrategias de expansión, no sólo para crecer, sino para fidelizar a los clientes actuales.

En términos generales, el crecimiento de la actividad industrial en la Argentina representa una excelente oportunidad para quienes ofrecen servicios; incluso con los típicos vaivenes periódicos de la economía, siempre hay posibilidades de seguir expandiéndose. Aquí van algunas sugerencias que, quizás, les interese considerar:

1) Realice una revisión del plan de negocios de su compañía. ¿Lo tienen formula do? ¿Está por escrito? ¿Está actualizado?¿Es compartido hacia la totalidad de su organización?

2) Observe el listado de servicios que ofrecen: es recomendable que identifiquen y creen algún servicio específico y verdaderamente diferencial, mediante el cual se podrán contactar con potenciales clientes, clientes. Al navegar por la website de su empresa, es posible ver que la oferta que realizan es lo que ofrece casi toda la competencia. Sin embargo, hay algunos colegas que han desarrollado este sentido de búsqueda y experimentación, creando nuevos productos (y consecuentemente, necesidades) en el mercado.

3) Defina claramente su competencia directa e indirecta. Es interesante revisar este mapa de su sector, como una de las formas de saber frente a quiénes están operando; poder observar cómo hacen los que se destacan y están siempre un paso adelante.

4) Promueva la innovación y el pensamiento creativo. Actualmente la creatividad es importante... aunque no alcanza. Hace falta innovación. El desafío es crear necesidades en el mercado, y que sólo ustedes puedan satisfacer.

5) Comunicación: aquí van algunos tips que pueden orientarlo.

- Elementos de promoción: carpetas, brochures, flyers, CD Roms, DVDs, fotografías profesionales. Es importante contar con todo este material, siempre disponible, con impecable presentación.
- Website: si bien un sitio institucional es funcional en algunas ocasiones, ante el desafío de expandir su negocio la sugerencia es que lo haga vivo y activo; es decir, que a partir

de esta plataforma, los potenciales clientes, estudiantes, referidos y otros visitantes puedan encontrar valor agregado allí. Crear artículos de interés que se suban semanalmente a la web; realizar un Newsletter electrónico que se envíe cada 45 días a una muy bien administrada base de contactos; ofrecer un e-book (libro electrónico gratuito) sobre un aspecto en particular de su actividad, pueden ser herramientas que generarán tráfico y mayor interés en su compañía.

- Interacción con cámaras del sector: es un buen punto de partida para compartir experiencias con colegas, y, a la vez, intercambiar información valiosa, que puede transformarse en herramientas de negocio.

- Artículos para la prensa: ante hechos de coyuntura e impacto, pueden escribir artículos de interés periodístico y ofrecerlos a los editores de distintos medios (gráficos e Internet, principalmente). Al pie figurará la firma del profesional, y el sitio web.

- Saludos en fechas estratégicas: cumpleaños, aniversarios, nacimientos, fin de año, celebraciones de fechas profesionales, etc., son oportunidades ideales para retomar contactos. Puede hacerlo creando mensajes apropiados a cada destinatario, vía e-mail o por correo.

- Cursos y capacitaciones gratuitas: es una excelente ocasión para ver a los clientes cara a cara; detectar oportunidades de negocios o necesidades, y ajustar sus planes en tal sentido.

6) Trabaje proactivamente con bases de datos y redes de contactos: explore los últimos años de su compañía, y elabore una completa base de datos a los que podría contactar para retomar el vínculo. Quizás encuentre empresas que tuvieron un acercamiento por un tema puntual, o pidieron un presupuesto y luego no trabajaron con ustedes. En ese caso, puede llamarlos, acercarles una carta personalizada y ofrecerles (a partir de indagar en la web y en sus otras fuentes de información) algún servicio diseñado específicamente para el presente de aquella compañía.

Recuerde que los problemas que afrontamos ayer, hoy forman parte de nuestros recursos y habilidades.

Movimiento + Involucramiento +Acción = Resultado

John Roger

Educador y guía espiritual.

PLAN DE ACCIÓN

Ideas y próximos pasos:

341. Realice una revisión del plan de negocios de su compañía

342. Asiente su plan de negocios por escrito

343. Comparta el plan de negocios con el resto de la organización

344. Desarrolle algún servicio específico diferencial

345. Recuerde que los nuevos productos crean nuevas necesidades en el mercado

346. Cree necesidades en el mercado que sólo ustedes puedan satisfacer

347. Revise el mapa de su sector

348. Observe cómo se destacan sus competidores

349. Haga una análisis de la percepción por parte de los clientes

350. Añada innovación a su creatividad

351. Confeccione carpetas y brochures de su emprendimiento

352. Utilice flyers para la promoción online

353. Cuente con fotografías profesionales del staff

354. Torne vivo y activo su website institucional

355. Cree artículos de interés que se suban semanalmente a la web

356. Ofrezca un libro electrónico gratuito sobre un aspecto en particular de su actividad

357. Acentúe su interacción con las cámaras del sector

358. Intercambie información valiosa con colegas

359. Escriba artículos de interés periodísticos y ofrézcalos a los editores de distintos medios

360. Incluya su firma profesional en cada artículo.

LA PAUSA

RECONSTRUIRSE DESDE LAS CENIZAS

El edificio de un empresario visionario ardió hasta los cimientos. La mañana siguiente, este valeroso emprendedor llegó a las ruinas llevando una mesa. La colocó justo en el centro de los escombros.

Encima de le mesa puso un cartel que decía:

Todo se ha perdido, excepto mi esposa, mis hijos, mi equipo y mi esperanza. Los negocios se reanudarán mañana como de costumbre.

¿Quieres interesar a los demás?
¡Provócalos!

Salvador Dalí

Pintor español y uno de los máximos referentes del surrealismo.

Cómo vender productos alimenticios

Un caso de producción y comercialización de alimentos orgánicos

DESAFÍO

Se trata de la fundadora de un emprendimiento nuevo, cuya misión es promover una vida más saludable, producen y comercializan orgánicos y elaborados de orgánicos en la ciudad de Quito (Ecuador). Tienen una página web donde los clientes pueden realizar su pedido, hay noticias de nutrición, salud y medio ambiente. Poseen una base de datos de los clientes que siempre realizan sus pedidos. Sin embargo, desean llegar a más gente y expandirse. ¿Cómo pueden lograrlo? ¿Qué estrategias serían más efectivas?

RESPUESTA

La onda verde, como la han definido muchos, ha llegado a todos los rincones del planeta. Esta especie de masificación conlleva en muchos casos a la necesidad de ser sumamente creativos para elaborar las estrategias de comunicación y comercialización.

El website: es muy variado, colorido, y con conceptos claros que desean transmitir. Como oportunidades para mejorar (en este caso, sobre el website) podemos pensar en lo siguiente:

1) Elimine los ruidos en la comunicación. La sobreabundancia de contenidos, botones, banners, links, etc. determinan ruidos en el vínculo con los usuarios. Esto significa que el cliente actual, que está sobreexpuesto a miles de mensajes continuamente, es muy selectivo y prefiere aquellos sitios que le transmitan más calma y claridad. Una sugerencia para lograrlo es 'limpiar' el diseño gráfico, sin dejar de ofrecer el contenido.

2) Segmente los públicos. Otra de las claves (y posibilidades) que ofrece Internet, es la de segmentar públicos. ¿Por qué no crear tres o cuatro dominios diferentes, relacionados con su producto? Todos estarían linkeados con su página principal (o con secciones específicas de su website). Esto posibilitará que, independientemente de las palabras clave que ponga un usuario en un buscador, siempre habrá algunas que lo redireccionarán a "su" sitio. Los especialistas en Internet podrán asesorarla específicamente sobre este tema.

3) Muéstrese tal como es. ¿.org ó .com? Su dominio actual es .org; lo que habitualmente percibe quien los visite es que se trata de una ONG (Organización no Gubernamental), sin fines de lucro. Este aspecto es sumamente importante a considerar, ya que en muchos casos, por creencias culturales, los usuarios piensan que lo comercial no está dentro del ámbito de competencia de organizaciones o fundaciones. Es por esto que parece aconsejable mantener su sitio actual con información institucional, artículos de interés, etc.; y genere otros dominios (.com) para las operaciones comerciales.

4) Desarrolle boletines electrónicos. Crear una revista digital que llegue mensualmente o cada 45 días, al público específico al que se dirige, puede ser una excelente alternativa de promoción del sitio. Esta generación de tráfico hacia su web, podría derivar en potenciales compradores. Cree boletines con contenido, notas cortas y bien ilustradas; temas interesantes; recursos adicionales emparentados con la filosofía de su emprendimiento (como sugerencias de libros, música, actividades, etc.), y, debajo, la promoción directa de sus productos mediante banners.

5) Lance una radio vía Internet. Es sumamente sencillo y accesible para implementar. Podría crear una emisora que transmita las 24 horas una programación con música variada, acorde al público al que se dirige; y, a la vez, contenidos de interés, y... ¡hasta anuncios que pueda vender a segmentos no competitivos con su negocio! logrando así una fantástica forma de financiamiento.

6) Organice encuentros presenciales: crear seminarios y talleres sobre temas relacionados con su emprendimiento es otro recurso sumamente efectivo. Puede invitar sin costo a una determinada cantidad de clientes, y abrir esta convocatoria a visitantes o suscriptores a sus boletines, por un valor accesible. Con la llegada que tendrá su boletín, habrá muchos profesionales y referentes interesados en dar charlas y seminarios. En el salón elegido para el encuentro, cuelgue banners y coloque computadoras donde los visitantes naveguen libremente por su sitio.

7) Arme bases de datos: estos encuentros presenciales, así como los boletines, son buenas oportunidades para armar bases de datos calificadas. Podrá trabajar con ellas cada vez que lo necesite (recuerde garantizar la confidencialidad de datos en todo momento). Periódicamente, circulará no sólo su boletín, sino artículos especiales para ese grupo, el podcast (audio que puede colgar en su sitio en Internet) del encuentro donde tomó contacto con ese publico, y hasta segmentos de video (que puede subir a un canal propio en Youtube.com -por ejemplo-).

8) Trabaje en red con otras entidades. Contáctese con organizaciones afines con su emprendimiento; crear sinergia le puede abrir nuevas puertas de contactos en un ganar = ganar beneficioso para ambos.

9) Explore el turismo verde. Puede organizar excursiones a las plantaciones, creando una corriente segmentada de lo que podríamos denominar 'turismo orgánico'. Sin transgredir ninguna norma ética, puede impulsar visitas a plantaciones, crear experiencias de sembrado o cosecha de orgánicos 'en vivo' y generar recursos adicionales a partir de esto. O bien, simplemente, seguir haciendo 'branding' (marketing de su marca) en la mente de los consumidores.

PLAN DE ACCIÓN

Ideas y próximos pasos:

361. Recuerde que la sobreabundancia de contenidos en el website puede entorpecer el mensaje

362. Piense que demasiados botones, banners, links, etc. generan "ruidos" en la comunicación

363. Priorice una página web que transmita calma al usuario

364. Procure tener en su página web un diseño gráfico "limpio"

365. Recurra a la segmentación de públicos

366. Cree más dominios diferentes relacionados con sus productos

367. Analice si su sitio debe ser ".org" ó es más adecuado ".com"

368. Realice acciones de promoción a través de un boletín electrónico

369. Desarrolle notas periodísticas cortas y bien ilustradas

370. Cree contenidos emparentados con la filosofía de su emprendimiento

371. Adicione un banner de promoción a sus contenidos periodísticos

372. Lance una radio vía Internet

373. Haga uso del podcast en su sitio web

374. Organice seminarios y talleres sobre temas relacionados con su emprendimiento

375. Disponga de materiales de publicidad en los lugares donde diste charlas

376. Piense en contenidos que pueda subir a Youtube.com

377. Contáctese con organizaciones afines

378. Explore el Turismo verde, con excursiones a las plantaciones

379. Aplique acciones de turismo 'orgánico', sin transgredir normas éticas

380. Mantenga tácticas permanentes de "branding".

Nos pagan por traer valor al mercado. Lleva tiempo traer valor al mercado, pero nos pagan por el valor, no por el tiempo así que "¡manos a la obra!"

Jim Rohn
Empresario, orador y motivador.

Cómo sobresalir por sobre la competencia

Un caso de venta
de software a medida

DESAFÍO

Hace un año, junto a familiares, dos jóvenes profesionales iniciaron un emprendimiento dedicado al desarrollo de soluciones de software a medida. En este tiempo han realizado algunos proyectos exitosos para pequeñas y medianas empresas que han quedado muy satisfechas con el servicio brindado, tanto de atención comercial como de sus técnicos.

Pero el problema principal se relaciona directamente con el objetivo empresarial: cómo ofrecer soluciones tecnológicas de valor agregado, desarrollando en forma conjunta con sus clientes software de distinto tipo que les permita incrementar la eficacia de sus procesos y operaciones. Dicen que han hecho de todo, pero no logran despegar. Buscan llegar a las empresas diferenciándose de la competencia. ¿Por dónde empezar?

RESPUESTA

Por lo que comenta, ha implementado todo tipo de herramientas de comunicación y marketing para llegar a sus "prospects"; y aun así, no está logrando el resultado esperado. Aquí encontrará 12 tácticas concretas e ideas complementarias que, quizás, puedan enriquecer este proceso:

1) Organice seminarios de capacitación: Esta es una forma altamente efectiva de atraer posibles clientes. Ofrézcales aquello que ellos no pueden tener. Puede crear seminarios profesionales específicos sobre software que ustedes han desarrollado, sus aplicaciones y prestaciones. También puede segmentar el público al que estarán dirigidos: una cosa es el lenguaje técnico de los ingenieros que trabajan dentro de las empresas, y otra, un lenguaje más accesible (aunque sin perder rigor) para -por ejemplo- los jefes de compra.

2) Publique y promocione sus e-books, libros electrónicos gratuitos: Conviértase en su propia editorial de temas afines a sus especialidades. Publicar artículos en la web, ofrecerlos libremente teniendo a su empresa como sponsor principal, puede ser otra forma efectiva de mostrar lo que ustedes saben hacer... y cómo lo hacen.

3) Detecte nichos con necesidades específicas: ¿Cuál es 'ese' segmento del mercado que necesita un software que provocaría un gran impacto y beneficios a una organización? Pueden desarrollar ese producto en forma estándar, y luego, ofrecer packs por módulos adicionales para quienes quieran ampliarlo o adecuarlo aun más a las necesidades que tengan.

4)Incluya testimonios de sus clientes: Puede acordar con ellos que, al estar satisfechos con las implementaciones que han realizado, los gerentes de sistemas o la más alta autoridad posible, le escriba un breve párrafo de cinco líneas comentando esa experiencia con su empresa. Esto le dará más transparencia ya que los que hablan de 'lo bien que trabajan' son ellos. Y a usted le ayudará a vender. En síntesis, haga que otros hablen bien de usted.

5) Cree un programa de becas: podrá lanzar un laboratorio tecnológico para apoyar el desarrollo de nuevos sistemas. Puede hacer convenios con ciertas universidades, y facilitar el acceso laboral a estudiantes destacados. Este programa, que puede enmarcarse en su política de R.S.E. (Responsabilidad Social Empresaria) le traerá múltiples beneficios a mediano y largo plazo, entre otros:

- Puede detectar a los talentos ocultos -que quizás le interese retener en el futuro-.

- Generar una corriente de conocimiento masivo en ese nicho, sobre su empresa y su marca (el boca a boca -o boca-oreja como se le llama actualmente-) es una herramienta fantástica para expandir la imagen pública del emprendimiento.

- Realizará un aporte de valor proveyendo todo lo necesario para que un grupo de estudiantes destacados trabajen y, a la vez, sean "socios estratégicos" de su empresa. Al concluir el proyecto, pueden anunciarlo, publicarlo en webs y foros profesionales, y hacer un acuerdo de explotación comercial de ese desarrollo.

6) Ofrezca un software gratuito: ¿Hay alguna aplicación que puede traer una ventaja sustancial para solucionar algún problema existente en el mercado en el que opera? Quizás haya alguna idea archivada en la mente de sus ingenieros, que pueda plasmarse en algo real, y ofrecerla para que el público la pruebe.

7) Mantenga comunicación fluida con todo el mercado: Ferias, exposiciones, convenciones, congresos, son ámbitos apropiados para estar presentes. No necesariamente hay que tener un stand en todos esos lugares, o publicar avisos en los medios especializados (aunque no descarte su estrategia publicitaria); es importante concurrir, intercambiar tarjetas, conocer gente nueva. Y éste es un proceso permanente.

8) Revea la Misión de su empresa. Actualmente el enunciado que compartió en la consulta dice: "Trabajar junto a nuestros clientes, desarrollando software de calidad y a la medida de sus necesidades, aumentando la rentabilidad, y productividad de sus negocios". Es aconsejable que incluya una clara mención a los costos de servicios (por ejemplo, 'costos razonables') y a la garantía de satisfacción (que puede otorgar a quienes lo contratan).

9) Tenga paciencia, la clave para el desarrollo. En un mercado altamente competitivo como en el que ustedes operan, y con unos tres años de trayectoria, es posible que deba experimentar esta cualidad esencial de los emprendedores: los proyectos tienen un tiempo (generalmente entre tres y cinco años) para ver los primeros resultados.

10) Dé la cara en el website: Una buena producción fotográfica con los ejecutivos de la empresa puede ayudar a romper el hielo en un mundo altamente tecnificado, y aportar calidez en la relación comercial que desea establecer.

11) Sea claro al definir quién es en el mercado. Visitando su website, se puede leer que su empresa de software es una división de una compañía fabricante de perfiles de plástico reforzado con fibra de vidrio por pultrusión, lo que permite obtener productos plásticos resistentes. A priori, no se percibe que esto sume valor en su presentación institucional, por lo diferentes que son los rubros en los que operan. Si por cuestiones contractuales debe incluir aquella mención, puede hacerlo de otra forma, menos explícita, y no incluirlo en las seis primeras palabras que definen su empresa. Por ejemplo, con una breve frase que diga "Nuestra compañía pertenece a..." o "es una unidad de negocios de..." (incluya aquí sólo la razón social, no una explicación de un rubro totalmente ajeno al suyo).

12) Analice el nombre de su empresa. Finalmente, va aquí una reflexión sobre la naturaleza del nombre de su empresa, "Igno". Si bien se refiere a "encender", muchas personas, en español, lo interpretan con una connotación negativa (el fuego también destruye). Y además, lo asocian directamente con con "ignoto" o con "ignorante". Esto que quizás le parezca como "hilar muy fino", es un aspecto que -desde la experiencia- resulta sumamente relevante a la hora de evaluar el nombre de una empresa, marca o servicio. Nos movemos en un mundo de percepciones que, no necesariamente, representan la realidad.

PLAN DE ACCIÓN

Ideas y próximos pasos:

381. Organice seminarios de capacitación

382. Ofrezca a los clientes aquello que ellos no pueden tener

383. Cree seminarios específicos sobre software que ustedes han desarrollado

384. Utilice un lenguaje no técnico cuando no sea imprescindible

385. Publique e-books

386. Conviértase en su propia editorial de temas afines a sus especialidades

387. Publique artículos en la web

388. Ofrezca sus contenidos teniendo a su empresa como sponsor principal

389. Detecte nichos con necesidades específicas

390. Incluya testimonios de sus clientes

391. Utilice un párrafo escrito por gerentes de sistemas satisfechos

392. Cree un programa de becas

393. Haga convenios con universidades

394. Facilite el acceso laboral a estudiantes destacados

395. Efectúe acciones de R.S.E. (Responsabilidad Social Empresaria)

396. Ofrezca un software gratuito

397. Mantenga comunicación fluida con todo el mercado

398. Revea la Misión de su empresa

399. Dé la cara en el website

400. Utilice una marca que no pueda relacionarse a un concepto negativo.

El éxito no se obtiene por combustión espontánea. Es preciso encender el fuego de uno mismo.

Reggie Leach
Deportista estadounidense.

Cómo aumentar la rentabilidad del negocio

Un caso de gimnasio con Pilates

DESAFÍO

La emprendedora tiene un pequeño gimnasio y estudio de Pilates en una zona de alto poder adquisitivo. Cuenta con sólo dos camillas para la práctica, de manera de poder ofrecer una atención más personalizada. Dice que no ha tenido el éxito ni los ingresos esperados. Los costos suben y las cuotas también, pero la rentabilidad no mejora. ¿Cómo puede ayudar la comunicación para vender más y hacer crecer su negocio?

RESPUESTA

Lo primero a tener en cuenta es que el segmento en el que opera es sumamente competitivo; un negocio de ciclo corto -cambia rápidamente hacia nuevas tendencias de fitness- y desarrollo lento -mínimo dos a tres años para visualizar resultados-.

"Ciclo corto" es una expresión que se utiliza, en este caso, para marcar aquellos emprendimientos que están muy influenciados por las corrientes de la moda. No implica dudar que el producto sea excelente, y los resultados más aun. Pero las tendencias cambian, y los que están destinados a prosperar, son los que se van adaptando a la tendencia.

"Desarrollo lento", en este caso, define a un período de dos a tres años, ya que un año es muy poco tiempo para saber si un negocio es rentable, o no. Y el saber cuándo algo es negocio, se define sencillamente, analizando los márgenes de ganancia; y si éstos justifican seguir con el proyecto en marcha; o deben hacerse ajustes para permitir su armónico funcionamiento.

Para comenzar, como disparadores que pueden ayudarla aquí van algunas preguntas:

1) ¿Tiene su plan de negocios? Esta es una herramienta (brújula) esencial para el desenvolvimiento de la empresa, sin importar su tamaño. Los profesionales de economía y ciencias económicas podrán asesorarla al respecto. Es importante que tenga plasmado su plan de negocios por escrito; y que se analicen, mes a mes, los desvíos que puedan presentarse, para así poder volver a "enderezar las velas" de su barco.

2) ¿Qué la diferencia verdaderamente del resto? La atención personalizada es un valor que hoy promueven casi todas las empresas de su rubro (… aunque convengamos en que no siempre se cumple en la realidad). El análisis F.O.D.A. (Fortalezas - Oportunidades - Debilidades - Amenazas) puede resultar de mucha utilidad para determinar en qué puntos su negocio es fuerte, y en cuáles hay oportunidades para mejorar.

3) ¿Cuántos emprendimientos de diferente tipo que ofrecen el producto 'Pilates' hay en un radio de 15 cuadras a la redonda de su negocio? Esta información es clave para determinar el flujo de público que usted podrá tener.

4) ¿Cómo lo promocionan? ¿Qué estrategias de captación utilizan? Observando lo que hace su competencia (directa o indirecta); por ejemplo, gimnasios que ofrecen otro tipo de entrenamientos que, sin ser Pilates, puedan determinar que la gente prefiera invertir en otro tipo de actividad física.

5) ¿Cuál es su política de precios? Estar muy por arriba de su competencia directa o indirecta, al igual que muy por debajo, nunca es conveniente. Recuerde que al aplicar promociones, hoy las personas perciben mayor valor en "descuentos en dinero" (por ejemplo, $ 40.- de descuento en el abono del próximo mes), a que le indique "10% de descuento en su próximo abono"). Las personas lo perciben como "dinero en mano".

6) Detecte un nicho específico. Aproveche la ventaja de que Pilates es una práctica física adaptable para las diversas edades y condiciones físicas. Cree paquetes a medida para grupos de amigas de la tercera edad; para niños con capacidades diferentes; etc.

7) Utilice las fechas especiales como excusas promocionales: el Día de los Enamorados puede transformarse en una experiencia especial para que vengan algunas parejas y, a la vez, se lleven de obsequio un voucher con determinado monto de descuento en un restaurante vecino, que ofrecerá un menú especial con su marca. El Día Internacional de la Mujer puede transformarse en el "Día Internacional de Pila-tes para Todas" con una actividad abierta al público de 8 a 24 horas, para que grupos de amigas puedan probar su método. Los cumpleaños pueden transformarse en "chequeras Pilates de regalo" para que sus clientes las obsequien, y de esta manera, usted mantenga un flujo permanente de público... Y todo lo que su creatividad le permita.

8) Indague en su agenda y entre sus conocidos sobre periodistas, referentes de opinión, y personajes clave que vivan por la zona. Puede realizar un mailing específico invitándolos a conocer su espacio, tomar cierta cantidad de clases de Pilates y observar los resultados. Estas personas suelen ser multiplicadoras de los beneficios y de la atención esmerada que -seguramente- usted brinda.

9) Lleve una base de datos actualizada: es fundamental que tenga sistematizada su base de datos de clientes. Busque mantenerla al día, y envíe mails y notas de felicitación ante cumpleaños, aniversarios, etc. También le permitirá hacer telemarketing en aquellos casos de deserciones pronunciadas.

10) Busque múltiples formas de pago: ¿tiene tarjetas de crédito y débito? Contar con estos instrumentos de pago es altamente beneficioso para mucha gente, que en muchos casos estará predispuesta a pagar abonos trimestrales por anticipado -recibiendo un precio especial-.

11) Revise su identidad visual: la gráfica con la que promueve sus servicios es fundamental. En su segmento, "la promesa" del "antes" y "después" adquiere relevancia vital.

12) El ambiente: colores, música y aromas; sanitarios; ventilación (frío, calor); calidad en los accesorios; puntualidad; esmerada atención; cálida atención telefónica; claridad en los mensajes corporativos que se comunican, desde horarios, hasta el sistema de señalética -cartelería indicativa- dentro de su local. Todo influye en un sistema de códigos que permite a las personas que se formen una percepción sobre la calidad de su servicio.

13) Actividades especiales: puede invitar a otros altos referentes del Pilates u otras disciplinas complementarias, a brindar una charla o una clase de cortesía para su clientela más distinguida. Este "bonus" sin costo para sus seguidores es altamente apreciado.

Finalmente, recuerde que el momento del cambio es ahora... si elige cambiar. Si, y sólo si tiene el convencimiento de que lo va a lograr, poniendo su 100 %... que no es lo mismo que poner el 99,9 %

PLAN DE ACCIÓN

Ideas y próximos pasos:

401. Plasme su plan de negocios por escrito

402. Analice mensualmente los desvíos que pueda sufrir su plan de negocios

403. Realice un análisis FODA de su negocio

404. Verifique su escenario competitivo en un radio de 10 cuadras

405. Revise sus estrategias de captación de clientes

406. Sea observador con lo que hace su competencia

407. No pierda de vista su competencia indirecta

408. Revea su política de precios

409. Detecte un nicho específico de clientes

410. Cree paquetes a medida de grupos de clientes

411. Utilice las fechas especiales como excusas promocionales

412. Negocie con comercios vecinos para otorgar voucher de descuentos a sus clientes

413. Haga actividades abiertas al público

414. Ofrezca pruebas de sus métodos a grupos de potenciales clientes

415. Piense en "chequeras" para que sus clientes las obsequien

416. Haga acciones con referentes de opinión y personajes clave que vivan por la zona

417. Mantenga una base de datos eficiente

418. Implemente el "telemarketing" en casos de deserciones pronunciadas

419. Revise su identidad visual

420. Diseñe un ambiente con colores, música y aromas adecuados.

El primer paso para llegar a cualquier lugar es decidir que no vas a permanecer donde estas

J.P. Morgan.

Cómo aumentar fuertemente la facturación

El caso de un instituto educativo

DESAFÍO

El consultante dirige una institución educativa. Hace cinco años que realizan divulgación de sus productos, principalmente en diarios y periódicos, y muy ocasionalmente, complementan con folletería y campañas de avisos en radios. Observando el monto de dinero invertido, el dueño se pregunta por el bajo nivel de respuesta, a pesar de las acciones realizadas.Explica que en las últimas acciones mediante folletos, se distribuyeron 30.000 piezas puerta a puerta, y se obtuvo un buen nivel de consultas (a razón de 15 llamados telefónicos, 5 mensajes SMS diarios y unos 5 mails). Sin embargo, no han obtenido un incremento en las inscripciones, sino que han sido iguales a años anteriores, en donde sólo se realizaban avisos en diarios. Este año, han realizado en forma conjunta diarios y folletería.El objetivo es saber si existe algún indicio, error o acierto en lo que están llevando a cabo, y así tener en cuenta dicha posibilidad para las próximas acciones de comunicación.

RESPUESTA

Muchas veces los que lideramos proyectos pensamos que estamos haciendo todo lo necesario para comunicar nuestras marcas, productos y servicios y, sin embargo, no obtenemos el resultado deseado. Por lo que refiere, está realizando regularmente -esto es con continuidad durante los últimos años; y aquí la 'continuidad' es la gran clave para analizar- acciones de promoción, enfocadas principalmente en publicidad y marketing relacional.

La tasa de respuesta estimada, promedio, para estas acciones, suele medirse en alrededor de un 5% de los contactos realizados; aunque, de ese 5%, nada garantiza que efectivamente vayan a inscribirse en su instituto. ¿Por qué? Vayamos a algunas preguntas para reflexionar, y muchas ideas que quizás le sirvan de inspiración para su proyecto:

1) ¿Tiene consolidado el estilo de comunicación de su empresa? Es muy importante contar con un manual de identidad corporativa, estilo de lenguaje definido, canales con bases de datos apropiadas para llegar más eficazmente al público meta que desea alcanzar.

Usualmente, en muchos emprendimientos, se contrata a profesionales diferentes para llevar adelante las estrategias: por ejemplo, un diseñador gráfico (que generalmente es rotado cada varios meses), una agencia de publicidad que diseña los avisos, etc. Es importante considerar la comunicación de una empresa como un todo; y saber que sólo los mensajes con coherencia, sostenidos en el tiempo, impactarán en la mente de los consumidores. De esta forma, usted sabrá que sus comunicaciones son congruentes y consistentes.

2) ¿Ha definido cuál es su target? Otra creencia generalizada suele ser que por distribuir gran cantidad de folletos utilizados como "insert" en diarios y revistas, o dejados bajo puerta, se obtendrá una rápida y efectiva respuesta. No siempre es así. Además, la percepción del consumidor que recibe una comunicación con un folleto de esta forma, no es la misma que aquella que se realiza uno a uno, conociendo los intereses de las personas a las que se dirige. Entonces, aquí va otra clave para considerar: segmentar sus públicos, de manera tal que cree mensajes especiales para cada uno de ellos, siempre bajo el paraguas de su marca central.

Es conveniente crear un espacio de reflexión y análisis de objetivo del negocio.

3) ¿Ha entrenado a su fuerza de ventas?Si obtiene un cierto resultado en repercusión (llamados, consultas, mails, visitas crecientes a su web, etc.), quiere decir que, potencialmente, habría un interés en inscribirse en sus cursos. Sin embargo, si no obtiene el resultado comercial esperado, quizás deba revisar lo que sigue a ese primer contacto.

La forma de atención, el entrenamiento de telemarketers o los responsables de atención al cliente, los uniformes, los materiales con información ampliada que se entregan a cada potencial cliente, los folletos de venta (que son diferentes a los que se distribuyen masivamente) son otros elementos fundamentales para generar la respuesta buscada.

4) ¿Estudió los rangos de valores de cursos en su ciudad, y otras vecinas? Este aspecto es fundamental, ya que le permitirá alinear su estrategia de negocios, y hacerla más competitiva. La información es el principal capital de su compañía. Conocer al consumidor, cómo piensa, cómo actúa y cuáles son los determinantes de la contratación (o no) de sus servicios, están determinados muchas veces por esta variable económica. ¿Tiene formas de pago accesibles, por ejemplo con tarjetas de crédito o débito? Cuanto más sencillos los trámites, más posibilidades de llegar a cumplir sus metas de ventas.

5) ¿Trabaja permanentemente con egresados de sus cursos? Aquí hay otra gran clave: detecte a centenares de personas que, seguramente, se quedaron muy conformes con el resultado; atráigalos mediante acciones especiales y exclusivas para ellos; a la vez, solicíteles referidos y comparta sus testimonios (previa autorización) mediante la web.

6) ¿Brinda charlas y conferencias abiertas a todo público? Aprovechando las instalaciones de su instituto, puede ofrecer capacitaciones cortas gratuitas, siempre relacionadas con los cursos que ofrece, dirigidas a los distintos nichos de público. Esto le permitirá hacer bases de datos específicas sobre esas personas; conocerlos cara a cara, y además, amplificar la calidad de sus servicios en la comunidad, ya que podrían transformarse -si salen satisfechos y enriquecidos de la experiencia- en voceros espontáneos.

7) ¿Tiene programas para empresas? Quizás pueda diseñar cinco paquetes de programas educativos para empresas, mediante los cuales su institución se transformaría en un pilar de capacitación para las principales industrias radicadas en la región. Hay varias compañías que operan a nivel nacional e internacional desde su zona; quizás estén dispuestas a contratar sus servicios para que su personal se acerque a los institutos (los trabajadores de la empresa, y por qué no, sus familias y amigos) financiados por ésas empresas. Esto sería un ganar = ganar para ambos. Ellas recibirán contenidos de calidad y los ofrecerán como parte de sus programas de capacitación a sus empleados, y usted generaría masa de inscriptos para distintas actividades. Y recuerde: cada una de esas personas, en sí mismas, son voceros de su experiencia. Así que lograría amplificar su mensaje y su calidad de servicio a muchas más que ese grupo primario de personas.

Las claves: acción para el cambio. Movimiento, involucramiento y acción.

John Roger

Educador y conferencista norteamericano.

PLAN DE ACCIÓN

Ideas y próximos pasos:

421. Recuerde que la continuidad es la gran clave en las acciones de promoción

422. Piense que la respuesta estimada de una acción de promoción suele estar en torno al 5%

423. Sepa que el porcentaje de contactos realizados no es igual al número de clientes que obtendrá

424. Consolide el estilo de comunicación de su empresa

425. Efectúe un manual de identidad corporativa

426. Use un estilo de lenguaje definido

427. Considere la comunicación de su empresa como un todo

428. Procure tener comunicaciones congruentes y consistentes

429. Defina cuál es su target

430. Entrene a su fuerza de ventas

431. Capacite a sus telemarketers

432. Cuide la estética de los uniformes

433. Disponga de materiales con información ampliada para potenciales clientes

434. Corrobore los pasos que está siguiendo luego del primer contacto con potenciales clientes

435. Revisa su forma de atención

436. Compare los rangos de valores de sus cursos con otros similares

437. Conozca cómo piensa y cómo actúa el consumidor

438. Brinde charlas y conferencias abiertas a todo público

439. Ofrezca capacitaciones cortas gratuitas

440. Elabore programas para empresas.

Cómo vender servicios de consultaría

Un caso de especialistas en comunicación

Una licenciada en comunicación social, junto con su hermana -diseñadora gráfica-, y su hermano -estudiante de administración-, están armando una consultora de comunicación.

Cada uno trabaja en diferentes rubros en relación de dependencia, pero buscan independizarse. En la zona existen agencias de diseño y de publicidad, no así de comunicación.

El valor agregado de su servicio es brindar estrategias de comunicación y un plan integral de comunicación, pero también están al tanto de que en la zona -interior de la Argentina- no existen grandes empresas dispuestas a invertir en comunicación pues no la valorizan como un algo importante. La consulta es cómo hacer para vender el servicio a las Pymes y negocios pequeños.

RESPUESTA

Es un verdadero desafío el emprendimiento que están comenzando; y como en todo desafío, hay una gran oportunidad de dirigirse directamente hacia el éxito. Algunas sugerencias:

1) Desarrolle el plan de negocios. Si viene leyendo este libro desde los capítulos anteriores, quizás esto le suene conocido. teniendo en cuenta que se trata de un negocio familiar, deberá acordar previamente, y por escrito, todos los términos de esta sociedad -independientemente que en los comienzos sea una sociedad de hecho-. Esto posibilitará dividir roles, asignar responsabilidades, y gerenciar el proyecto en forma profesional.

2) Establezca el organigrama operacional de la compañía: aunque le parezca que 'es demasiado' para el emprendimiento que están comenzando, les traerá mucha claridad en el día a día. Un diseño de organigrama operativo por escrito, consensuado entre los tres socios, le permitirá constituirse con mayor formalidad, y así, estar preparados desde el principio para crecer sobre pasos firmes y con una sólida organización.

3) Determine las áreas de especialización: el concepto de 'agencia de comunicación' es muy amplio, y para mucha gente que -por lo general- no conoce del tema, les resulta demasiado confuso y abarcativo. Como probablemente ustedes ofrecerán servicios integrados de diseño, relaciones públicas y publicidad. Por ello, es importante comenzar a hacer docencia sobre estos temas.

4) Diseñe un portfolio de presentación: una de las principales formas de darse a conocer es contar con una fuerte identidad corporativa que transmita los valores de su empresa. A propósito, ¿definió la Misión y la Visión? Es un buen ejercicio previo a ponerse en marcha. Es la brújula que los orientará a lo largo de los años.

5) Releve bases de datos y contactos estratégicos: comience a observar detenidamente el mercado. 'Escuche' lo que dice la competencia indirecta (por ejemplo, agencias de publicidad y de diseño gráfico), relevando información estratégica sobre esas empresas. ¿Cómo se comunican? ¿Qué clientes tienen? ¿Qué proyectos están desarrollando? ¿Los clientes tienen fidelidad con esas empresas?

6) Defina los próximos pasos para los siguientes seis meses, y así, sucesivamente. Esto le permitirá dividir las tareas, hacer el día a día que los conducirá hacia los resultados que buscan, ajustar sobre la marcha y tener mayor claridad sobre qué funciona y qué se puede mejorar.

7) Entrénese en venta de servicios intangibles: es fundamental que uno de ustedes asuma el rol comercial. No necesariamente debe ser 'el que mejor habla', o 'la más simpática'. Hay habilidades que son fundamentales para el proceso de venta de servicios intangibles. Es aconsejable conseguir algunos libros de negocios al respecto. Hay muy buena literatura de apoyo.

8) Cree capacitaciones gratuitas para sus clientes potenciales: de esta forma, conocerá la cara de quienes podrían contratarlos. No busque vender algo, simplemente cree conciencia sobre la necesidad de contar con servicios profesionales como los que ofrece su empresa.

9) Dicte charlas en universidades de la región: esta es una muy buena forma de tomar contacto con estudiantes avanzados en carreras afines, que, en el futuro, estarán insertos en empresas (pequeñas, medianas,grandes) y pueden contratar sus servicios. También puede hacer alianzas con cámaras empresariales de diversos sectores, ofreciendo breves workshops sobre determinados temas, y estableciendo vínculos personalizados que, en el tiempo (y con mucha paciencia) podrían derivar en negocios.

10) Establezca honorarios de acuerdo a los valores del mercado... sin perder de vista la ganancia: a priori, seguramente el negocio será poco rentable por los primeros cuatro o cinco años, hasta que puedan ver ganancias para los socios. Sin embargo, es importante que establezca una política de precios acorde a su estructura, la dimensión de los trabajos a realizar, las retenciones impositivas, bancarias, etc. Esto es fundamental para que las finanzas de su empresa nazcan sanas y se consoliden en el tiempo. Los profesionales en contabilidad y administración podrán asesorarlos mejor.

- ¡Muy importante! Recuerde que la estructura de costos de una empresa dedicada a brindar servicios de comunicación integrales es muy diferente a la de cualquier otro negocio convencional; hay variables que no dependen de 'su producto' sino de sus clientes y del entorno del mercado; hay formas de establecer honorarios que deberá crear para cada proyecto en particular, y además, asegúrese de sumar siempre un porcentaje adicional como plus por variaciones que pueda sufrir el mercado o desvíos financieros.

11) Intégrese vía Internet: hay muchas redes sociales dedicadas a temas de comunicación, relaciones públicas, imagen empresaria, diseño, etc. Estas redes sociales pueden abrirle un panorama más allá de su provincia para desarrollar negocios, o bien para conocer cómo lo hacen alrededor del mundo.

PLAN DE ACCIÓN

Ideas y próximos pasos:

441. Acuerde por escrito los términos de la sociedad a pesar de trabajar con familiares

442. Gerencie el proyecto en forma profesional

443. Haga un diseño de organigrama operativo por escrito

444. Asigne responsabilidades consensuando con los socios

445. Determine las áreas de especialización

446. Comience a 'hacer docencia' sobre los temas de comunicación que ofrece

447. Diseñe un portfolio de presentación

448. Imprima a su proyecto una fuerte identidad corporativa

449. Observe detenidamente el mercado

450. Releve información estratégica sobre sus competidores directos

451. "Escuche" lo que dice la competencia indirecta

452. Defina los pasos para los siguientes seis meses

453. Entrénese en venta de servicios intangibles

454. Ofrezca capacitaciones gratuitas para prospects

455. Cree conciencia sobre la necesidad de contar con servicios como los que ofrece su empresa

456. Dicte charlas en universidades de la región

457. Haga alianzas con cámaras empresariales de diversos sectores

458. Dé breves workshops sobre determinados temas

459. Establezca vínculos personalizados

460. Fije honorarios de acuerdo a los valores del mercado.

Ser emprendedor es una vocación espectacular para quien la tiene, pero no es el camino más corto hacia la comodidad. Es como un boleto para la montaña rusa: no es para todos, pero si te gusta, la vas a pasar fantástico.

Santiago Bilinkis

Emprendedor.

Cómo marcar la diferencia en negocios agropecuarios

Un caso de vendedor de campos y hacienda

DESAFÍO

Este es el caso de un profesional dedicado a las comisiones de hacienda, compraventa y alquileres de campos. Tiene varios años de experiencia, y admite que es un negocio de mucha competencia en cuanto a tomar clientela.

Si bien ha tenido logros no se siente conforme; no encuentra la forma de llegar plenamente a cautivar clientela... mejor dicho: atraerla con continuidad. Dice que falla en algo. Tal vez en la propaganda, en la comunicación. Su negocio se sostiene en la seriedad y claridad, pero no encuentra las claves ni el lenguaje apropiado para consolidarlo.

RESPUESTA

La venta de este tipo de productos es compleja. Generalmente son procesos largos, y quienes se mueven en forma independiente afrontan día a día la competencia de grupos empresarios, pequeños especialistas regionales que -por vínculos de afinidad y cercanía con los propietarios de las tierras- pueden embarrar el proceso en ciertos casos, y dejarlo a usted, literalmente, empantanado.

Aquí van algunas sugerencias que, sostenidas en el tiempo, con seguridad resultarán beneficiosas para su empresa:

1) Considérese un profesional: si hay algo dentro suyo que no le suena bien cuando lee estas líneas (en lo referido a considerarse un profesional), quizás haya un aspecto a trabajar allí.

Sentirse sólido, confiado, ampliamente solvente, eficaz y conocedor del negocio, es la mejor forma de plantarse ante los desafíos y la competencia. Este es un trabajo interno de autodeterminación y afianzamiento de sus cualidades y fortalezas, y dejar pasar aquellas "cosas" que bien podrían llamarse 'debilidades'.

Ejercicio:

El siguiente es un ejercicio diseñado para identificar las áreas fuertes y débiles, de modo de determinar dónde necesita trabajar más consistentemente.

- En primer lugar, defina las cinco áreas fundamentales de su trabajo (por ejemplo: comunicación - contactos - transparencia - asesoramiento jurídico-contable - profesionalismo) Es sólo un ejemplo; usted podrá colocar las cinco variables que considere apropiadas.

- Luego, anótelas en un papel en blanco, haciendo cinco columnas.

- Debajo de cada una, establezca un porcentaje de lo que estas áreas representan para el éxito de su gestión. Deje pasar cualquier consideración mental; este es un proceso intuitivo, por lo cual la primera respuesta que le aparece, es válida. No se fije si los porcentajes dan un 100%; no se trata de eso. Ponga los números que hagan sentido para usted. Anote estos porcentajes utilizando un color que le guste.

- Ahora ya tiene definidas las cinco áreas estratégicas; y además, las ha calificado en porcentajes, donde el número mayor es el que usted define como más importante.

- Marque una línea divisoria que atraviese todas las columnas.

- Tome otro color y anote abajo, también en cada columna, el porcentaje de dedicación que usted le pone a cada una de esas áreas. Es decir, cuánto tiempo, energía y enfoque le dedica (sea honesto, muévase siempre dentro de la realidad).

- Observe los resultados. En esta segunda parte del ejercicio, las áreas con porcentajes mayores, son las que posiblemente están consumiéndole mayor energía; y las que tienen números menores, son aquellas que quizás requieran más atención y dedicación.

- Tome otra hoja en blanco. Anote las conclusiones del punto anterior, y establezca, para cada área, los tres próximos pasos que puede tomar para mejorar. La idea es que pueda equilibrar todas las áreas, a partir de tener claridad sobre sus fortalezas y debilidades. Aquí aparecen claramente las oportunidades para mejorar.

Y ahora, algunas sugerencias específicas de comunicación:

1) Analice cómo comunica sus servicios. Este aspecto es fundamental. ¿Tiene buenas tarjetas personales? ¿Dispone de una carpeta de presentación de sus servicios? ¿La carpeta está actualizada? ¿Tiene un website, donde mostrar su negocio, las propiedades con las que trabaja y la información necesaria para que cualquier interesado pueda tomar contacto con usted? ¿Tiene recomendaciones de personas a las que brindó sus servicios?

2) Interactúe en ferias, exposiciones y eleve su visibilidad en el mercado. ¿Participa de ferias y exposiciones donde pueda mejorar sus habilidades comerciales y de comunicación? Hay muchos cursos y seminarios gratuitos y pagos. Disponga parte de su agenda a participar de estas experiencias. Quizás se lleve una sorpresa al descubrir cuánto hay para usted en esos encuentros.

3) Transforme en imágenes e proceso de venta. ¿Tiene fotos profesionales de los campos y propiedades que administra? Es de fundamental importancia hacer tangible lo intangible. Buenas fotos, un pequeño video colocado en la web y en su notebook, mapas de localización de cada campo y cualquier otro recurso que haga más real la experiencia, le permitirá a los potenciales compradores visualizarse en la experiencia de ser los dueños de ese campo.

4) Cuide la reacción de sus textos de todo tipo. ¿Tiene muy buenas habilidades de redacción, con prolijidad, meticulosidad, buen uso del lenguaje? Este es un aspecto fundamental en el proceso de transparencia y calidad que usted desea transmitir.

5) Trabaje en red con otros agentes inmobiliarios. De no ser así, aquí puede abrirse un campo de expansión, que le permitirá que ellos trabajen en sus zonas sus productos, y usted los de ellos. Trabajo en red: una de las grandes claves del momento para el éxito en los negocios.

6) Establezca beneficios adicionales para sus clientes.
¿Qué tal agasajarlos con el asado inaugural, a su costo? ¿O hacer un acuerdo con una empresa de TV satelital y regalarle el primer año de suscripción a ese cliente que acaba de comprarle un campo? También puede obsequiarle una línea de celular con determinado monto de crédito; una pequeña colección de vinos especiales en una bodega artesanal de madera con el logotipo (discreto) de su empresa; o un cheque por determinado beneficio o monto de dinero (voucher promocional) que el cliente podrá pasar a otro interesado en comprar una propiedad suya, o utilizarlo él mismo para generar otro negocio juntos... Son sólo ideas; seguramente percibirá que esto tiene un costo relativamente accesible, considerando los valores de las negociaciones que usted quiere cerrar, y lograría un alto valor percibido por el cliente.

Si le parecen lejanas estas ideas, o lo invade una sensación de sentirse abrumado por "hay tanto para hacer": ¡está en lo cierto! Porque para generar un resultado diferente es necesario hacer un cambio. Y los cambios suelen ser incómodos. Aunque lo mejor está esperándolo muy cerca, si se decide a avanzar.

PLAN DE ACCIÓN

Ideas y próximos pasos:

461. Plántese firme ante los desafíos y la competencia

462. Siéntase sólido, confiado, ampliamente solvente y conocedor del negocio

463. Defina las cinco áreas fundamentales de su trabajo

464. Posea buenas tarjetas personales

465. Disponga de una carpeta de presentación de sus servicios

466. Mantenga su carpeta actualizada

467. Desarrolle un website donde mostrar su negocio y las propiedades

468. Participe de ferias y exposiciones donde pueda mejorar sus habilidades comerciales y de comunicación

469. Aproveche los cursos y seminarios gratuitos y pagos

470. Disponga parte de su agenda a capacitación

471. Recuerde la importancia de hacer tangible lo intangible

472. Disponga de fotos profesionales de las propiedades que administra

473. Tenga un pequeño video en la web

474. Tenga siempre fotos y videos de las propiedades en su notebook

475. Posea mapas de localización de cada campo

476. Maneje con prolijidad y meticulosidad su redacción y su lenguaje

477. Trabaje en red con otros agentes inmobiliarios

478. Ofrezcan un beneficio adicional a quienes le compran o alquilan propiedades

479. Piense en regalos o "vouchers" para agasajar a sus clientes

480. Sepa que una atención a un costo accesible tiene un alto valor percibido por el cliente.

Cómo armar una red de consultores

El caso de la empresa de coaching que necesita expandirse

DESAFÍO

Después de haber trabajado algunos años para empresas privadas y públicas, el consultante hace unos meses decidió renunciar y establecer su propia empresa. Ha empezado a trabajar algunas ideas de las cuales dos sobresalieron, después de haber analizado la demanda y algunos factores que influirían en las mismas.

La primera es el establecimiento de una Consultora en Coaching, que también se encargue de capacitar al capital humano de las empresas, a través de seminarios con expertos internacionales. Este plan de negocios lo ha pasado a dos contactos que tiene en Chile y México, puesto que le interesa la idea de trabajar en red y hacer lo mismo en todos los países con los mismos expertos.

Debido a que es necesario tomar decisiones en conjunto, debe esperar a los comentarios de las otras personas. Le dicen que les encanta la idea, sin embargo cree que necesitan un empujoncito para poder arrancar.

¿Cómo puede hacer para llegar a otras personas en otros países que les interese realizar un networking? Y también ¿Cuáles son los primeros pasos?

RESPUESTA

La primera impresión sobre lo que comenta, es que está en una etapa preliminar del diseño de la compañía. Entonces, aquí van algunas sugerencias que, quizás, puedan ayudar en el proceso de encaminarla con mayor efectividad hacia los resultados buscados:

1) Establezca la Misión y la Visión del emprendimiento: este paso, que frecuentemente es obviado por muchos emprendedores, reviste fundamental importancia, por cuanto se trata de 'la brújula" que guiará sus pasos. La Misión es aquello a lo que nos dedicamos y cuáles son nuestras fortalezas y servicios que ofrecemos; y la Visión es hacia donde queremos llegar en determinado plazo.

2) Diseñe el plan de negocios de manera profesional. Encontrará muchas referencias a este tema, en los casos anteriores, y también en el siguiente libro de esta colección, CÓMO PROMOCIONAR SU EMPRESA (el tomo 2 de Comunicación y Ventas).

3) Consolide la identidad corporativa: este siguiente paso también es importante, por cuanto le da la identidad al proyecto. El diseño de la imagen gráfica (logotipo, isotipo, manual de identidad corporativa, etc.) permite que la compañía nazca con estos recursos básicos establecidos de manera profesional desde el primer momento.

4) Desarrolle un website con profesionales: es estratégico para su negocio, sobre todo pensando en las posibilidades internacionales del mismo. Esta web puede contener, además de la descripción de los productos y servicios, las fotos y curriculums de los entrenadores y los datos de contacto, artículos de interés y contenidos diversos sobre las diferentes disciplinas que están bajo el paraguas de sus actividades.

5) Utilice las redes sociales y nuevos medios. Puede ser altamente efectivo para comenzar a armar redes alrededor de su empresa, y, a la vez, vas haciendo conocer la marca. El Newsletter y la Red Social pueden estar segmentados en sus contenidos para distinto tipo de públicos: por ejemplo, notas de interés para el segmento de recursos humanos de las empresas potencialmente clientes; otro, puede estar dirigido a profesionales independientes; otro, para mujeres emprendedoras, etcétera. En cada caso, se administrarán las listas por separado. Lo que sí debe primar es el patrón editorial (diseño, estructura, lo que profesionalmente se llama "look & feel").

6) Asocie entrenadores en otros países. Debido al auge de la actividad del coaching en diversos países, me permito sugerirte que evalúes en profundidad la trayectoria de cada uno de quienes pueden trabajar en red. Hay excelentes profesionales que podrán ayudar a un impulso conjunto del negocio... y otros que quizás no deban ser tomados en cuenta. En este sentido, "poco y bueno" puede ser una sugerencia apropiada: pocos entrenadores de excelente calidad, y en temáticas complementarias; es decir, que tengan ciertas especializaciones. De esta forma se podrán generar más negocios conjuntos.

7) Organice talleres de promoción cada tres meses. Aplicando su red de contactos, puede diseñar y ofrecer una serie de talleres programados en el año calendario (por ejemplo, uno cada dos meses; y hasta hacerlos coincidir en fechas con la visita de algún entrenador que ya haya comercializado en una compañía). Estos talleres de promoción serán sobre un tema en particular, con acceso gratuito sólo para invitados especiales. Podrá convocar a los decisores de compras de estos servicios en las distintas empresas y organizaciones: gerentes de compras, de recursos humanos, altos directivos de empresas, dueños de compañías, y todo aquel que, potencialmente, puede contratarlos servicios de su consultora. Es recomendable que los talleres sean impecables desde todo punto de vista: contenido, el lugar físico donde se desarrollarán, y la calidad de los entrenadores. Podrá colocar banners (carteles) y entregar folletería de la empresa, como una forma de establecer vínculos directos que, a futuro, seguramente generarán negocios. El material de estos talleres, sintetizado, se puede volcar en los newsletters.

8) Determine una política de honorarios. Es fundamental comenzar dándole valor a la compañía; y esto surge del análisis del mercado y del plan de negocios que fije. En todo el mundo hay un auge de la oferta de capacitación, de todo tipo y valores. Depende el segmento en el que quiera enfocarte, es el precio que pondrá para sus servicios.

9) Haga promociones cruzadas. Puede contactar a los distribuidores locales de libros relacionados con el management y el crecimiento personal y profesional, para realizar, juntos, acciones de cross-promotion (promociones cruzadas donde todos ganan, ganar = ganar).

10) Consiga oradores internacionales. Su compañía puede invitar a un orador de mucho prestigio a nivel internacional, y generar una conferencia por la que -seguramente- mucha gente estará dispuesta a pagar un buen ticket de acceso. De esta forma, se expande en otro sentido: una división dedicada a presentaciones especiales, siempre alineadas con el perfil de la consultora.

11) Apoye su empresa con una eficaz acción de prensa. Otra herramienta de ayuda para el despegue es el relacionamiento con los medios de prensa del target al que tu quieres dirigir el negocio. Podrá ofrecerles, sin costo (aunque con un valor agregado interesante para ellos) contenidos sobre diversos temas, desarrollados en lenguaje periodístico, con alta calidad, testimonios, etc. Esto permitirá que su website y el nombre de la empresa aparezcan en los medios, generando tráfico y creciente interés por tus productos. También puede detectar algunos comunicadores clave -ésos que tienen mucha influencia en determinados círculos- y ofrecerles capacitaciones gratuitas.

Liderar es como ver a través de un telescopio; gerenciar es como ver a través de un microscopio. -Ambos instrumentos son útiles pero se usan para objetivos totalmente diferentes.
del libro "El espejo del líder" de David Fischman.

PLAN DE ACCIÓN

Ideas y próximos pasos:

481. Establezca la Misión y la Visión del emprendimiento

482. Diseñe el plan de negocios de manera profesional

483. Consolide la identidad corporativa

484. Desarrolle un website

485. Incluya la descripción de los productos y servicios

486. No olvide las fotos y curriculums de los entrenadores

487. Muestre de manera clara los datos de contacto

488. Añada artículos de interés sobre las disciplinas que están bajo sus actividades

489. Cree un Newsletter electrónico de salida periódica

490. Segmente el contenido para distintos tipos de públicos

491. Recuerde que siempre debe primar el mismo patrón editorial

492. Evalúe en profundidad la trayectoria a quienes trabajarán en red con su proyecto

493. Trate de lograr temáticas complementarias

494. Organice talleres de promoción, aplicando la red de contactos

495. Coloque banners en los sitios donde organice eventos

496. Entregue folletería de su empresa para establecer vínculos directos

497. Comience dándole valor a la compañía

498. Realice acciones de cross-promotion con distribuidores locales de libros relacionados con el management

499. Invite un orador de prestigio internacional como promoción

500. Practique acciones de relacionamiento con los medios de prensa y con formadores de opinión.

Daniel Colombo es Master Coach experto en CEO, alta gerencia y profesionales; comunicador profesional; Mentor de ejecutivos y empresarios; Speaker internacional; y facilitador de procesos de cambio. Media-coach de políticos y ejecutivos; experto en Oratoria moderna.

Autor de 21 libros, entre ellos "Sea su propio jefe de prensa" "Historias que hacen bien", "Preparados, listos, out" (co-autor, sobre el Síndrome del Bournout); "Abrir caminos", y una colección de 6 libros y DVD, "Comunicación y Ventas" con Clarín de Argentina, y la colección "Coaching Vital" compuesta por tres títulos: "El mundo es su público", "Oratoria sin miedo" y "Quiero vender" (Hojas del Sur).

Se desempeña habitualmente en 18 países, habiendo brindado más de 600 conferencias, workshops, seminarios y experiencias vivenciales, llegando al millón de personas entrenadas. En todas sus redes sociales tiene un millón de seguidores.

Conduce y guía equipos de alto rendimiento en empresas nacionales y multinacionales dentro y fuera de su país. Ha asesorado y trabajado junto a más de 2500 empresas, y dirigido su compañía de relaciones públicas durante 20 años. Escribe regularmente en más de 20 medios de Argentina y diversos países.

Web: www.danielcolombo.com
https://www.linkedin.com/in/danielcolombo/
Twitter @danielcolombopr
www.Facebook.com/DanielColomboComunidad/
Instagram: Daniel.colombo
YouTube: www.youtube.com/DanielColomboComunidad

Libro editado por

Editorial Autores de Argentina